Annegret Braun

Wie Frauen Glück erleben

Annegret Braun

Wie Frauen Glück erleben

Für Andreas
und Kersten

Viel Freude beim
Lesen!
Herzlichst

Annegret Braun

KREUZ

Zittau, 22.4.2015

© KREUZ VERLAG
in der Verlag Herder GmbH, Freiburg im Breisgau 2013
Alle Rechte vorbehalten
www.kreuz-verlag.de

Satz: de·te·pe, Aalen
Herstellung: fgb · freiburger graphische betriebe
www.fgb.de

Printed in Germany

ISBN 978-3-451-61150-6

Inhalt

Vorwort 9

Annäherung an das Alltagsglück 15

Was ist Glück?
Warum das Forschen über Glück so schwierig ist 15

Waren die Menschen früher glücklicher?
Glück im Wandel der Zeit 20

Warum Goldmarie glücklich wurde und die Frau
des Fischers nicht – Alltagsglück im Märchen 25

Glückserlebnisse und Lebensglück 31

Die einfachen Dinge des Lebens 31

*»Hier hat man viel mehr das Bewusstsein, was
brauch' ich eigentlich zum Leben.«*
*Vera (Lederkunsthandwerkerin, erzählt von
ihrem Leben in einem Wagendorf)* 41

Macht Erfolg glücklich? 49

»Man ist vielleicht nicht so toll, wie man sein möchte,
aber auch nicht so schlecht, wie man sein könnte.«
Luise Kinseher (Kabarettistin und Schauspielerin) 66

Ist das noch Arbeit oder ist das schon Entspannung? 73

»Ich habe meine Leidenschaft für Filme und Bücher
zum Beruf gemacht.«
Brigitte (Wissenschaftlerin und Geschäftsführerin) 81

Liebe, Familie, Freundschaft 87

»Wenn die ganze Familie beieinander ist und wir
zusammen Musik spielen, das ist für mich das größte
Glück.«
Gertraud Well (Musikerin, Mutter von 15 Kindern,
vielfache Großmutter und Urgroßmutter) 105

Mutterglück: Illusion oder eine andere Dimension
von Glück? 114

»Meine Kinder sind die Erfüllung meines
Lebenstraums.«
Elisabeth (Lehrerin in Elternzeit,
Mutter von sieben Kindern) 126

Vom Glück, Teil eines größeren Ganzen zu sein:
Glaube und Heimat 134

»Ohne meinen Glauben hätte ich den Ausstieg
aus dem Orden nicht geschafft.«
Majella Lenzen (ehemalige Nonne und
Missionsschwester, Autorin) 147

Wenn das Glück pausiert   158

»Das Glück liegt nicht auf der Straße.«
Jana (Verkäuferin einer Straßenzeitung)   166

Auf der Suche nach dem Alltagsglück   175

Dank   181

Anmerkungen   185

Literatur   187

Vorwort

»Alle Menschen wollen glücklich sein.« Treffender könnte man die Befindlichkeit unserer Zeit nicht charakterisieren. Das zeigt sich nicht nur an den vielen Glücksrezepten in Büchern und Zeitschriften, sondern auch an der Werbung, die kaum noch ohne Glücksversprechen auskommt, ob sie nun ein Wellness-Wochenende oder eine Waschmaschine verkaufen will. In Glücksseminaren kann man lernen, wie man glücklich wird. Wer etwas mehr Geld ausgeben will, kann sich seinen ganz persönlichen Glückscoach buchen. Immer mehr Schulen setzen inzwischen Glück als Unterrichtsfach auf den Lehrplan. »Alle Menschen wollen glücklich sein« – dieser Satz stammt nicht von einem scharfsinnigen Gesellschaftsanalytiker aktueller Entwicklungen oder von einer psychologisch geschulten Werbetexterin, sondern von einem Philosophen der Antike: von Aristoteles. Aber weiß ein Mann, was Frauen wollen? Auch wenn uns leider keine Aussagen von einer klassischen Philosophin über Glück überliefert sind, so können wir doch davon ausgehen, dass

Aristoteles mit dieser allgemeinen Aussage recht hat. Auch Frauen wollen glücklich sein. Dieser Wunsch liegt im Innern unseres Menschseins. Das ist nun keine überraschende Erkenntnis. Doch kaum jemals wurde so viel dafür getan, das Glück zu finden, wie heute. Vom Zwang, glücklich zu sein, wird vereinzelt gewarnt, es verhallt aber ungehört im Halali der allgemeinen Glücksjagd.

Die Glücksratgeber und Glücksrezepte, die fast schon die Anzahl der Kochrezepte erreichen, zeigen viele Wege zum Glück. Die Ratschläge, die dort gegeben werden, stimmen ja auch alle irgendwie. Natürlich macht es glücklicher, mit Freundinnen am See ein Picknick zu machen, als alleine in seiner Wohnung durch die Fernsehprogramme zu zappen. Und der heiße Glückstipp, sich selbst anzunehmen, wie man ist, wäre ja auch kein Problem, wenn man es erst mal geschafft hat, seine überflüssigen Pfunde loszuwerden.

Weder die Glücksangebote noch die Glücksrezepte machen uns glücklicher. Im Gegenteil, der Druck, glücklich zu sein, wird immer größer, denn auch die Forschung zeigt: Glückliche Menschen sind gesünder, sie sind kreativer, sie sind klüger und sie sind auch noch netter. Wer will das nicht erreichen? Gleichzeitig nehmen psychische Erkrankungen zu. Immer mehr Menschen leiden unter Depressionen, Angstzuständen oder dem Burn-out-Syndrom. Bei der Suche nach Glück sind wir nicht sehr erfolgreich, obwohl die Glücksforschung in den letzten Jahren boomt und beachtliche Erkenntnisse hervorgebracht hat. Woran liegt das? An unserem fehlenden Wissen liegt es nicht, an unserem guten Willen auch nicht und an unserem Bemühen, das Glück zu finden, erst recht nicht.

Je mehr wir uns auf das Glück konzentrieren, desto weniger erreichen wir es, so scheint es. Irgendetwas läuft da falsch. Vielleicht ist uns das Glück zu wichtig geworden. So wichtig, dass wir alles andere aus dem Blick verlieren und nur um uns selbst und das Glück kreisen. Wissenschaftler verschiedener Fachdisziplinen, wie zum Beispiel der Philosoph Ulrich Pothast oder der Neurologe und Psychotherapeut Viktor E. Frankl oder der Gehirnforscher Manfred Spitzer, haben gezeigt, dass das Glück ein Nebenprodukt ist. Das bestätigt auch unsere eigene Erfahrung. Deshalb müssen wir unseren Blick wieder auf andere Dinge richten. Vielleicht weicht auch das moderne Glücksverständnis zu sehr von unserer Alltagserfahrung ab und es ist diese Diskrepanz, die uns unglücklich macht. Oder wir haben die Glückslatte so hoch gehängt, dass wir sie nicht erreichen können, auch nicht mit Anlauf.

Glück hat für unser Leben eine große Bedeutung. Das steht außer Frage. Doch unser heutiges Verständnis von Glück hat seine Gefahren. Der Philosoph Wilhelm Schmid schreibt, dass man auch aufgrund von Begriffen krank werden kann. Wenn man unter Glück ein Dauerwohlgefühl versteht und sich an denen misst, die scheinbar das Glück gepachtet haben, und wenn man ignoriert, dass es Auszeiten vom Glück gibt, dann kann das eigene Leben nur scheitern.

Viele Glücksbücher entwerfen ein Bild von Glück, das mit unserer eigenen Glückserfahrung nicht mehr viel zu tun hat, ebenso die Werbung: Produkte werden heute mit Glücksversprechen verkauft, ob es die Anti-Aging-Creme, die Designer-Müslischale oder eine Kreuzfahrt auf dem Luxusliner ist. Wir brauchen diese Dinge nicht wirklich, zumal schon genug Cremes im Badezimmer stehen, wir gar kein Müsli mögen und es uns auf dem Schiff schlecht wird. Das wissen auch die Produktmanager und Werbefachleute. Deshalb versprechen sie das, was wir haben wollen: ein glückliches Leben.

Wenn wir wissen wollen, was wirklich glücklich macht, sollten wir andere Menschen nach ihrem ›Glück-Erleben‹ fragen. Das empfiehlt der Harvard-Professor Daniel Gilbert, einer der renommiertesten Glücksforscher. Im Glückserleben sind wir einander ähnlicher, als wir es wahrhaben wollen.

In diesem Buch stehen deshalb persönliche Glückserfahrungen im Mittelpunkt, und zwar die von Frauen. Warum Glückserlebnisse und warum die von Frauen? Viele Bücher über Glück bleiben im Allgemeinen. Die hier erzählten Glücksgeschichten sind nah am realen Alltagsleben. Und mit der Fokussierung auf Frauen wird das Glückserleben noch mehr herangezoomt und dadurch detaillierter betrachtet. Über Glück wurde schon viel geschrieben, darüber, wie einzelne Menschen Glück erleben, schon weniger und wenn wir wissen wollen, wie Frauen Glück erleben, dann müssen wir ganz schön lange suchen.

Außerdem werden die meisten Bücher über Glück von Männern geschrieben. Das sagt nun nichts über die Qualität aus. Es gibt darunter hervorragende Arbeiten. Viele davon habe ich in dieser Studie verwendet. Eine der wenigen Forscherinnen ist die amerikanische Psychologin Sonja Lyubomirsky, die sich seit ungefähr 20 Jahren mit dem Glück beschäftigt und deren Buch *Glücklich sein. Warum Sie es in der Hand haben, zufrieden zu leben* zu einem Bestseller wurde. Warum sind es vor allem Männer, die das Glück untersuchen und darüber schreiben? Sind Frauen näher am Glück, während Männer immer noch danach suchen?

Doch zurück zum Thema. In diesem Buch soll es ja um Frauen gehen. Die Glücksgeschichten, die in diesem Buch erzählt werden, sollen zu einer größeren Gelassenheit im Umgang mit Glück anregen. Es geht nicht um Rezepte, wie Frauen noch glücklicher werden, sondern um die Wahrnehmung des Glücks im eigenen Alltag. Nicht ein unerreichbares Glücksideal steht im Mittelpunkt, sondern reales Glückserleben. Dies kann ein erster Schritt sein, die überhöhten Glücksansprüche an das Leben auf ein menschliches und erreichbares Maß zurückzuschrauben. Wir können wieder das in den Blick bekommen, was uns wirklich wichtig ist, nämlich ein erfülltes Leben. Und das besteht aus mehr als aus der Aneinanderreihung von Glücksmomenten und ist mehr als ein in Watte gepacktes Dauerwohlgefühl. Es besteht auch aus Zeiten zwischen dem Glück, dem Alltagstrott, den Krisenzeiten und den Schmerzen. Das alles ist unentbehrlich für das Glück. Die düsteren Seiten des Lebens ausschalten zu wollen, so erklärt Wilhelm Schmid, würde nicht nur zum Verlust der Kontrasterfahrung führen, die Glück erst spürbar macht, sondern auch zum Verlust der Orientierung im Leben.

Krisen regen uns zum Nachdenken an, sie sind richtungsweisend und fördern unsere Empathiefähigkeit. Die amerikanische Moderatorin und Unternehmerin Oprah Winfrey ist nicht zuletzt deshalb so unglaublich erfolgreich, weil sie durch viele Krisen gegangen ist und dadurch glaubwürdig wirkt. Manches Unglück stellt sich hinterher als Glück heraus. Und selbst in schwierigen Zeiten erleben wir Momente des Glücks. Es gibt viele Dinge in unserem Alltag, die unser Leben reicher machen. Wir müssen sie nur entdecken. Dieses Buch soll dazu eine Anregung sein.

Annäherung an das Alltagsglück

Was ist Glück? Warum das Forschen über Glück so schwierig ist

Was meinen die Menschen, wenn sie von Glück reden? Was ist für die Einzelnen Glück und wo erleben sie Glück? Verstehen wir alle unter Glück das Gleiche?

Wenn davon die Rede ist, wird nur selten erklärt, was damit gemeint ist. Von welchem Glück reden die Ratgeber, das es anzustreben gilt? Ist damit eine emotionale Hochstimmung gemeint, Zufriedenheit oder Erfolg? Nur wenige Wissenschaftler, die sich mit Glück befassen, differenzieren diesen Begriff. Der Philosoph Wilhelm Schmid unterscheidet zwischen *Zufallsglück*, *Wohlfühlglück* und *Glück der Fülle*. Das *Zufallsglück* ist unverfügbar, aber eine offene Haltung und Achtsamkeit begünstigen dieses Glückserleben. Wenn ich auf eine Party gehe, stehen die Chancen besser, dass ich mich amüsieren werde, wenn ich auf andere Gäste zugehe und mich für sie interessiere, als wenn ich mich in eine Ecke verziehe und hoffe, dass mich dort jemand anspricht. Das *Wohlfühlglück* hat in der Moderne einen sehr hohen Stellenwert bekommen, so sehr, dass Krisen und Traurigkeit am liebsten das Existenzrecht verweigert würde – wenn man es denn könnte. Dass das *Wohlfühlglück* nicht von Dauer sein kann, zeigt schon die Vorstellung, wie es einem erginge, wenn man eine Woche lang jeden Tag sein Lieblingsessen vorgesetzt bekäme. Das *Glück der Fülle* beschreibt das Leben in seiner Polarität, das neben Höhen auch Tiefen oder länger andauernde Phasen der Melancholie beinhaltet.

Eine solche Differenzierung des Glücksbegriffs wird nur selten vorgenommen. Für viele Ratgeber genügt das auch, denn alles andere würde die Fast-Food-Rezeptur nur unnötig verkomplizieren. Doch selbst in der Glücksforschung wird kaum eine Unterscheidung gemacht. Dort wird häufig der Begriff *Subjektives Wohlbefinden* bzw. *Subjective Wellbeing* verwendet oder es wird einfach nur von *Glück* bzw. *Happiness* geredet.

Die Glücksforschung ist ein starker Forschungszweig geworden, der mit einer eigenen Zeitschrift (*Journal of Happiness Studies*) und einer großen Datenbank (*World Database of Happiness*) aufwarten kann. Sie hat viele wertvolle Erkenntnisse hervorgebracht und dennoch darf sie nicht so unkritisch betrachtet werden, wie es oft geschieht. Wenn die Begriffe nicht geklärt sind, redet man leicht aneinander vorbei. Wie aussagekräftig sind denn die vielen Umfragen, die auf der einen Frage basieren: »Alles zusammengenommen: Wie glücklich schätzen Sie Ihr Leben ein: sehr glücklich, glücklich, ziemlich glücklich oder nicht glücklich?« Oder wenn man sein Glück in einer Zehn-Punkte-Skala einstufen soll. Wie soll man denn sein Leben so schnell mal zusammennehmen und dann noch eine Beurteilung des gesamten Lebens mit seinen Höhen und Tiefen abgeben? Und was heißt denn »ziemlich glücklich«? Die Antwort fällt nämlich völlig anders aus, wenn man vor der Befragung mit einer Freundin im Café gesessen und die erste Frühlingssonne genossen hat, oder wenn man eine Stunde lang mit zunehmender Verzweiflung in der Stadt herumgeirrt ist, um einen Parkplatz zu finden. Was soll man dann antworten, wenn die wissenschaftliche Assistentin fragt, wie glücklich man sei?

Das Glück ist schwer zu fassen und eine ungenaue Begriffsbestimmung macht es noch schwieriger. Ein Stimmungstief heißt noch lange nicht, dass man sein Leben als unglücklich einschätzt. Eine Unterscheidung zwischen Glücksmomenten und Lebensglück würde mehr Klarheit bringen.

Die Ergebnisse solcher Statistiken müssen hinterfragt werden. Sind wirklich alle Menschen so glücklich, wie sie bei der Befragung angeben? Tatsächlich ist es immer wieder erstaunlich, wie gut die Deutschen abschneiden. Eine Nation, die den Begriff »Weltschmerz« als unübersetzbaren Begriff in die Welt getragen hat! Wie passt es damit zusammen, dass Depressionen als Volkskrankheit Nummer eins gelten und sich das Burn-out-Syndrom immer mehr ausbreitet? Es kann ja nicht sein, dass man bei der Befragung zufällig nur die Glücklichen erwischt hat. Solche Ergebnisse legen nur eine Schlussfolgerung nahe: Sie zeigen nicht so sehr, wie sich die Menschen tatsächlich fühlen, sondern welch einen hohen Wert Glück in unserer Gesellschaft hat.

Die Aussagekraft der Statistiken ist begrenzt. Manchmal führen sie sogar zu einem völlig falschen Ergebnis. Das veranschaulicht ein vielzitiertes Beispiel aus der Wissenschaft: Eine statistische Untersuchung zeigt, dass in Städten und Gemeinden, in denen sich viele Störche angesiedelt haben, auch die Geburtenrate signifikant höher ist. Werden die Babys also doch vom Storch gebracht? Die Analyse eines einzigen Falles, eines Storches oder eines Babys, hätte gezeigt, dass es sich um eine Scheinkorrelation handelt. Statistiken verleiten zu schnellen und falschen Schlussfolgerungen. Deshalb machen sie am meisten Sinn, wenn man sie anhand von Einzelfällen überprüft.

Mein Einstieg in die Glücksforschung begann mit der Frage: Was verstehen Menschen unter Glück? In meinem Seminar *Glücksuche und Glückserleben im Alltag*, das ich an der Ludwig-Maximilians-Universität in München veranstaltete, führte ich eine Studie zusammen mit meinen Studentinnen und Studenten durch. Wir fragten Menschen aus unserem Umfeld, was für sie Glück sei. Das waren dann die Oma in Niederbayern, die Tante in Bulgarien, der chinesische Mitbewohner im Studentenwohnheim, die alte Dame von nebenan oder die Freundin aus Hamburg. Weil wir es umgehen wollten, allgemein bekannte Definitionen zu sammeln, wie beispielsweise »Glück ist Zufriedenheit« oder »Glück ist, wenn man noch was zu lachen hat«, baten wir die Menschen, uns ihr Verständnis von Glück anhand eines persönlichen

Glückserlebnisses zu erzählen. Am Ende hatten wir mehr als 700 Geschichten zusammengetragen. Für dieses Buch wurden jedoch nur die Glückserlebnisse der Frauen verwendet.

Die Geschichten haben gezeigt, dass der Glücksbegriff unterschiedlich verstanden wird. Für die einen ist Glück ein euphorischer Moment, ein Hochgefühl, das oft ganz überraschend kommt, aber leider nicht sehr lange andauert, wie zum Beispiel Verliebtheit. Andere verstehen unter Glück ein freudiges Gefühl, auch Vorfreude, zum Beispiel wenn man seinen Urlaub plant. Und wieder andere verstehen unter Glück Zufriedenheit mit dem Leben, also einen länger andauernden Zustand.

Ich präzisiere den Begriff Glück, indem ich zwischen Glückserlebnis und Lebensglück unterscheide. Glückserlebnisse beziehen sich auf kürzere oder längere Momente des Wohlbefindens. Mit Lebensglück ist eine langfristige Zufriedenheit gemeint, die auch das Akzeptieren von Krisen beinhaltet. Da wir in unserem Seminar vor allem Glücksgeschichten gesammelt haben, führte ich zusätzlich einige biografische Interviews mit sehr verschiedenen Frauen, um etwas über Glück im Lebenszusammenhang zu erfahren. Was ist also Glück?

Waren die Menschen früher glücklicher? Glück im Wandel der Zeit

Was Frauen in der Antike über Glück dachten, wissen wir nicht – die großen Philosophen waren Männer. Sie waren es, die sich Gedanken über das Glück machten und sich mit anderen klugen Männern im Garten, in den Schulen oder auf den Plätzen von Athen darüber austauschten, während die Frauen Wäsche gewaschen, gekocht und die Kinder erzogen haben. Die geistreichen Gedanken der Männer sind der Nachwelt erhalten geblieben. Das, was Frauen über Glück gedacht haben, wenn sie überhaupt Zeit fanden, darüber nachzudenken, findet sich leider in keinen Aufzeichnungen. Nur wenige Frauen aus der Antike sind uns heute noch bekannt, und diese kamen eher zu zweifelhafter Ehre, so zum Beispiel Xanthippe, die als zänkische Ehefrau von Sokrates in die Geschichte einging und heute noch als Schreckgespenst der Ehemänner herumgeistert.

Wird über die Geschichte des Glücks geschrieben, so stehen vor allem ideengeschichtliche Aspekte im Vordergrund, also die Frage, wie die alten Griechen in der Antike, die strengen Theologen im Mittelalter oder die nüchternen Aufklärer im 18. Jahrhundert über Glück gedacht haben. Frauen tauchen dabei nicht auf. Doch auch das Alltagsglück der Frauen, abseits der großen Denker, wird ausgespart, denn darüber gibt es kaum Quellen.

Die Sehnsucht nach Glück gab es wohl schon immer, aber hat das Glück im Alltag der Frauen eine so große

Rolle gespielt wie heute? Um diese Frage beantworten zu können, müssen wir wissen, was Frauen früher unter Glück verstanden haben und was sie heute darunter verstehen. Wenn wir uns genauer ansehen, was hinter der heutigen Glückssuche steckt, wird schnell deutlich, dass damit der Lebenssinn gemeint ist. Der Sinn des Lebens ist eine existenzielle Frage und er erschließt sich am leichtesten über das Glück. Solange man glücklich ist, fragt man nicht nach dem Sinn des Lebens, denn der Sinn ergibt sich von selbst. Unglückliche Menschen hingegen stellen sich häufig die Frage: Was hat mein Leben (noch) für einen Sinn?

Lange Zeit war das anders. Für die meisten Menschen war der Sinn klar. Und der zeigte sich früher in der täglichen Arbeit viel deutlicher als heute. Kühe zu füttern und sie zu melken machte Sinn, denn mit der Milch konnte die Bäuerin ihre Familie ernähren. Sie bereitete daraus Essen zu oder verarbeitete die Milch zu Butter, um sie zu verkaufen und damit zum Lebensunterhalt beizutragen. Heute ist der Sinn nicht immer so ersichtlich. Wenn keine Milch im Haus ist, trinken wir eben Limo.

Ob die Bäuerin beim Kühe füttern glücklich war, wissen wir nicht, aber sie war sich wahrscheinlich über den Sinn ihres Lebens sicher. Dazu trug auch ihr Glaube an Gott bei. Allein das Wissen, dass Gott die Menschen erschaffen hat, gab dem Leben einen Sinn. Einen Sinn, den man vielleicht nicht immer verstand, aber man war ja auch nur ein Mensch und nicht Gott. Oder wie der Kirchenvater Augustinus (354–430) es ausdrückte: »Ich bin berufen, etwas zu tun oder zu sein, wofür kein anderer berufen ist. Ich habe einen Platz in Gottes Plan, auf Gottes Erde, den keiner sonst hat. Ob ich reich bin oder arm, verachtet oder geehrt bei den Menschen, Gott kennt mich und ruft mich bei meinem Namen, und ich merke auf und höre: Da bist du ja.« Eine schöne Antwort auf die Sinnfrage. Dieses Gefühl, einen gottgewollten Platz im Leben zu haben, hatten auch die Frauen, die an der Seite ihres Mannes für die Familie sorgten. Für den modernen Menschen hingegen, mit den vielen Optionen, die sich ihm bieten, ist es eine der größten Herausforderungen geworden, »seinen« Platz zu finden. In der sich rasant verändernden Welt ist der flexible, ungebundene Mensch gefordert. Er kann und soll sich nicht mehr festlegen. Auch als Ehepartner ist er inzwischen ersetzbar. Dennoch liegt es an uns, ob wir den Platz, an dem wir stehen – in der Familie, im Beruf oder im Freundeskreis –, ausfüllen wollen, ohne ständig nach einem besseren Platz zu suchen.

Das Verständnis von Glück war früher näher am realen Leben dran. Heute bestimmen Medien unsere Wirklichkeit. Obwohl wir heute ebenfalls die Erfahrung machen, dass es im Leben viele harte Nüsse zu knacken gilt, haben wir den Anspruch, dass unser Dasein so leicht ist wie eine Sommerkomödie. Doch zum Leben gehört beides: Gutes und Schlechtes, Schönes und Schwieriges. Das zeigt auch die frühere Begriffsverwendung von Glück. Das Wort stammt aus dem mittelhochdeutschen *gelücke* und meinte den zufälligen Ausgang einer Sache, der sowohl positiv als auch negativ ausfallen konnte.

Wie erlebten nun Frauen Glück? Darüber gibt es, wie erwähnt, nur wenige Quellen. Eines der seltenen Dokumente sind die biografischen Aufzeichnungen der Dienstmagd Christina Gabriel (1766–1835), die sie mit »Mein Leben« überschrieb. Nur wenige konnten damals lesen oder schreiben, Frauen schon gar nicht. Und kaum jemand wäre auf die Idee gekommen, sein Leben, seine Gedanken oder seine Gefühle niederzuschreiben. Dazu schätzte man sein eigenes Leben als zu bedeutungslos ein. Heute wird jedes Tun und jeder Gedanke als wichtig genug empfunden, um sie der Welt über das Internet mitzuteilen.

Christina Gabriels Lebenserinnerungen waren nicht für die Öffentlichkeit gedacht. Sie wollte sich nur ihren Kummer von der Seele schreiben.

Glück erlebte Christina Gabriel in jungen Jahren, weil ihr die Arbeit als Dienstmagd in einem Landschloss gefiel und sie von ihrer Herrin sehr geschätzt wurde. Und auch als sie den Stallmeister heiratete, der sich sehr lange um sie bemüht hatte, war sie glücklich: »Mein Mann trug mich auf Händen. Er war gutmütig gegen alle Menschen, das hatte ich lange gewusst, und der zärtlichste Ehemann, dass er aber leichtsinnig war, wusste ich noch nicht. Wir lebten eine Zeit lang sehr glücklich.«[1] Leichtsinnig – das bedeutete: Er war spielsüchtig, verschwand oft monatelang und verprasste das ganze Geld. Dabei belog und betrog er sie. Christina Gabriel erlebte eine sehr schwere Zeit zwischen Glück, Hoffnung und Verzweiflung. Als ihr Mann eines Tages nicht mehr zurückkehrte, musste sie ihre drei Kinder alleine versorgen und lebte in großer Armut. Der einzige Lichtblick war ihr Glaube. Mehrere Male erzählt sie, wie Gott ihr ganz konkret in Schwierigkeiten half. Nach solch einer Situation schreibt sie: »Gott, du bist wunderbar, und ich sage noch heute, wer auf ihn sich ganz verlässt, dessen Glück steht felsenfest.«[2] Schließlich schaffte sie es, auf eigenen Füßen zu stehen, indem sie den Beruf der Hebamme erlernte.

Über Glück haben Frauen früher nicht so viel nachgedacht wie wir heute. Sie waren zu sehr damit beschäftigt, für das tägliche Überleben zu kämpfen. Glück war, wie die Biografie von Christina Gabriel vermuten lässt, wenn man die Fürsorge Gottes erfahren hat. Dass wir uns heute so viel mit Glück befassen können, zeigt, wie gut es uns geht. Wir haben alles, was zum Leben notwendig ist, und meistens noch viel mehr. Das, wonach wir uns sehnen, ist nicht so sehr ein Gefühl von Wohlbefinden, sondern eher das Finden von Sinn in unserem Tun und Sein.

Warum Goldmarie glücklich wurde und die Frau des Fischers nicht – Alltagsglück im Märchen

»Und so lebten sie glücklich bis ans Ende ihrer Tage.« So enden viele Märchen. Doch das Glück fällt den Märchenhelden nicht einfach so zu. Sie müssen zuvor in die Welt hinaus und sich bewähren. Märchen setzen sich mit Lebensfragen auseinander, die Menschen schon seit jeher beschäftigt haben. Dazu gehört auch die Frage nach Glück. Was ist Glück und wie kann man es erlangen?

Glück ordnen wir den Emotionen zu. Doch im Märchen herrscht eine seltsame Gefühlsarmut. Stirbt die Königin, so wird die Trauer des Königs nicht weiter thematisiert. Der Vater von Schneewittchen tröstet sich nach dem Tod seiner Frau schnell mit einer schönen, aber bösen anderen, die er zu seiner Königin macht. Auch Wut erscheint selten im Märchen. Eine Ausnahme ist Rumpelstilzchen, das sich aus lauter Wut in zwei Stücke riss.

In älteren Märchen wurde Glück in seiner früheren Bedeutung verwendet, nämlich Glück als Schicksal, das sowohl positiv als auch negativ sein konnte. Erst später wurde Glück als »gutes Geschick« gedeutet. Häufig war damit Reichtum gemeint.

Um das Glück zu finden, benötigten auch die Märchenhelden eine gute Portion Zufallsglück. Schneewittchen hatte Glück, dass zufällig ein Prinz des Weges kam und sich in die Schöne im gläsernen Sarg verliebte. Wie im richtigen Leben, so macht auch das Märchen einen

Unterschied zwischen dem zufälligen Glück und dem Glück, das man sich erarbeiten muss.

So erging es auch Goldmarie in dem Märchen *Frau Holle*. Marie, wie sie eigentlich hieß, erlangte das Glück, indem sie die Aufgaben löste, die an sie gestellt wurden. Oft geht dem Glück, wie im richtigen Leben, ein Unglück voraus. Marie lebte bei ihrer Stiefmutter und ihrer Stiefschwester und wurde von diesen beiden schikaniert. Eines Tages fiel ihr beim Spinnen die Spule in den Brunnen. Als Marie versuchte, sie wieder herauszuholen, stürzte sie selbst hinein. Bei ihrer anschließenden Wanderschaft erledigte Goldmarie alle Aufgaben, die sich ihr stellten. Sie holte das Brot aus dem Ofen, damit es nicht verbrannte, erntete die reifen Äpfel vom Baum und schüttelte bei Frau Holle die Kissen, damit es auf der Erde schneite. Sie hatte ihre Aufgaben gewissenhaft erledigt und wurde am Schluss mit Gold überschüttet, was im Märchen Glück bedeutet. Ihre faule Stiefschwester, angetrieben von der neidischen und ehrgeizigen Stiefmutter, dachte sich, dass dies ein bequemer Weg sei, um zu Glück und Reichtum zu gelangen, und nahm den gleichen Weg. Doch sie hatte nur ihr Glück im Blick und stellte sich nicht den Herausforderungen, die ihr begegneten. Am Ende hatte sie nur Pech, das ihr haufenweise übergeschüttet wurde und an ihr kleben blieb.

Glück, so können wir daraus lernen, heißt, die Aufgaben, die das Leben an uns stellt, so gut wie möglich zu erfüllen. Wer dem Glück nachrennt, so könnte das Fazit lauten, übersieht oft das Wesentliche. Glück kann nicht eingefangen werden, sondern entsteht im Tun.

Auch ein anderes Märchen zeigt die Folgen, wenn man versucht, das Glück zu erzwingen. Es ist das Märchen *Vom Fischer und seiner Frau*. Der Fischer hatte eines Tages einen Butt am Angelhaken, der in Wirklichkeit ein verzauberter Prinz war und den Fischer bat, ihn wieder freizulassen. Das tat er auch gerne. Als der Fischer jedoch zu Hause seiner Frau davon erzählte, witterte sie ihre Chance, daraus Kapital zu schlagen. Sie begehrte eine schöne Hütte, die auch sogleich dastand, kaum dass der Fischer den Wunsch seiner Frau an den Butt weitergeleitet hatte. Zunächst war sie glücklich über diese wunderschöne Hütte in gehobener Ausstattung. Doch bald darauf war ihr das alles zu schlicht und zu eng. Sie wollte ein Schloss und schickte ihren Mann wieder zum See. Widerwillig ging er und lockte den Butt mit einem Spruch, der mit dem Satz endete: »Meine Frau, die Ilsebill, will nicht so, wie ich gern will.« Eheprobleme dieser Art gibt es offensichtlich auch im Märchen. Ilsebill bekam ihr Schloss. Doch schon bald beauftragte sie ihren Mann mit einem neuen Wunsch: »Wir wollen König sein.« Doch der Fischer wollte nicht König sein. Seine Frau erwiderte: »Aber ich will König sein. Sag das dem Fisch.« Sie wurde König. Dann wollte sie Kaiser sein. Sie wurde Kaiser. Schließlich wollte sie Papst sein und wurde Papst. Als sie eines Morgens die Sonne aufgehen sah, dachte sie sich: »Das will ich selbst machen.«, und verlangte zu sein wie der liebe Gott. Ilsebill hatte schon lange das Maß verloren, aber mit diesem Wunsch ging sie entschieden zu weit. Kaum dass der Fischer widerstrebend dem Butt den Wunsch vorgetragen hatte, fand sie sich in ihrer armseligen Fischerhütte wieder.

Ilsebill wollte glücklich werden. Sie war unzufrieden mit ihrem armseligen Leben als Fischersfrau. Als sie ihre Chance erkannte, aus dieser Existenz herauszukommen, hat sie diese auch genutzt. Doch ihre Unzufriedenheit wuchs, je mehr sie dem vermeintlichen Glück nachjagte. Ilsebill verglich ständig ihre aktuelle Situation mit einer scheinbar besseren. Weil sie dabei immer schlechter wegkam, konnte ihre Gier nie gesättigt werden. Sich zu vergleichen ist ein großer Glückskiller. Am Anfang strebte sie nach mehr Reichtum, und als da nichts mehr ging, weil sie schon alles erreicht hatte, strebte sie nach Macht. Ist das vielleicht der Grund, warum in diesem Märchen die männliche Form der Machtpositionen (König, Kaiser usw.) gewählt wurde und nicht die weibliche (Königin, Kaiserin)?

Was könnte die Botschaft des Märchens sein? Der Wunsch nach Glück ist nicht verwerflich. Man kann durchaus etwas dafür tun, seine Lebenssituation zu verbessern und das bedeutet, die Chancen, die vor einem liegen, erkennen und nutzen. Das Märchen stellt aber die Falle des Glücksstrebens in den Mittelpunkt, die in der Glücksforschung als »hedonistische Tretmühle« bezeichnet wird. Man gewöhnt sich sehr schnell an Geld, Macht, Erfolg und will immer mehr davon. Mit unseren gegenwärtigen Vorstellungen über zukünftiges Glück liegen wir fast immer daneben, wie der bereits erwähnte Glücksforscher Daniel Gilbert anhand seiner Forschungen zeigt. Ilsebill glaubte, wenn sie erst ein Schloss hätte, dann wäre sie glücklich. Aber das war sie nicht. Und das Fatale ist, dass sie nicht aus ihrer Erfahrung gelernt hat. »König« zu sein hatte sie nicht glücklich gemacht, warum sollte sie es dann als »Kaiser« werden? Obwohl uns die Beförderung nur kurzfristig glücklich macht, rackern wir uns für den nächsten Karriereschritt ab. Andere wiederum jagen von einer Affäre zur nächsten und sind jedes Mal davon überzeugt, das Glück in der neuen Liebe nun endlich gefunden zu haben.

Goldmarie hat ihr Glück gefunden, ihre Schwester Pechmarie nicht und Ilsebill auch nicht. Was hat Goldmarie richtig gemacht? Sie hatte nicht ihr Glück im Blick, sondern sie hat die Aufgaben erfüllt, die vor ihr lagen. Vielleicht hat es ihr nicht immer so wahnsinnig viel Spaß gemacht, aber hinterher hat sich doch die Mühe gelohnt.

Was können uns die Märchen sagen? Es ist besser, im Hier und Jetzt zu leben, als dem zukünftigen Glück nachzujagen. Dann kommt es von ganz alleine, wenn auch manchmal mit Verspätung.

Glückserlebnisse und Lebensglück

Die einfachen Dinge des Lebens

»Ich genieße meine freien Tage, an denen ich morgens vom Zwitschern der Vögel geweckt werde und nicht von meinem lauten Wecker.«
Brigitte, 44 Jahre, Sekretärin

»Mein Glückserlebnis passiert jedes Jahr, wenn der erste Schnee vom Himmel fällt.«
Anja, 29 Jahre, Grundschullehrerin

»Mich macht es glücklich, wenn die Sonne scheint, wenn ich Schokolade esse und meine Freunde treffe.«
Nina, 21 Jahre, Studentin

Wenn wir vom Glück träumen, haben wir oft ganz konkrete Dinge vor Augen: den Traumjob, die neueste It-Bag (früher Handtasche genannt) in limitierter Auflage oder das Idealgewicht. Das sind Glücksvorstellungen, die meistens nicht das halten, was sie versprechen. Der Traumjob stellt sich als eine Kampfarena von profilierungssüchtigen Jungmanagern heraus. Die Designer-Handtasche kostet mehrere Monatsgehälter und das bedeutet einen Urlaubsverzicht für die nächsten zehn Jahre. Das Idealgewicht ist nur mit eiserner Disziplin zu halten, was das Urlaubsvergnügen und die Weihnachtsfreude erheblich einschränkt. Dabei sind es gar nicht diese großen und oft unerreichbaren Wünsche, die unser Leben glücklich machen, sondern die kleinen Dinge im Alltag. Luise, eine 20jährige Lehramtsstudentin, antwortete auf die Frage, was für sie Glück sei: »Wenn ich frei bin von Sorgen und unerledigten Dingen. Oder wenn ich Auto oder Fahrrad fahre und gute Musik höre, dann bin ich glücklich. Ich fühle mich frei, weil ich tun und lassen kann, was ich will. Glückliche Momente erlebe ich auch, wenn ich einen bestimmten Geruch wiedererkenne, weil mich das an irgendein Erlebnis, eine Person oder einen Ort erinnert. Dann spüre ich, wie mich das Glück durchfährt, oft nur für einen kurzen Augenblick. Und ich liebe es, wenn ich im richtigen Moment das richtige Lied höre. Es macht die ganze Stimmung in einem aus und kann richtig glücklich machen. Für mich ist auch Glück, dass ich so empfinde. Ich glaube wirklich, dass es die kleinen Dinge sind, die einen glücklich machen.«

Musik, das Gefühl von Freiheit, Bewegung, ein bestimmter Geruch – das alles kann ein Wohlgefühl in uns auslösen. Oder eine Berührung – Giulia, eine 23jährige italienische Studentin, sagte: »Mein letztes Glückserlebnis war erst kürzlich eine Umarmung von meinem Vater.« Oftmals sind es nur kurze Momente. Es ist ein Bewusstsein für den Augenblick; man ist ganz präsent in der Gegenwart. Diese Glücksmomente kann man nicht hervorzaubern, auch wenn wir uns noch so sehr bemühen. Wir müssen sie im Alltag erkennen. Das ist nicht immer ganz einfach, weil unser Denken häufig auf die Zukunft gerichtet ist oder wir der Vergangenheit nachsinnen. Doch das Glück drängt sich manchmal richtiggehend auf. Man spürt, wie einen das Glück durchfährt. Und ein andermal bemühen wir uns vergeblich darum. Man macht es sich in seinem Lieblingssessel gemütlich, um genussvoll eine Tasse Tee zu trinken, ganz so wie es in den Glücksratgebern empfohlen wird, aber es stellt sich einfach kein Wohlgefühl ein. Stattdessen denkt man an die letzte Endlosdiskussion mit der pubertierenden Tochter oder wir sind einfach niedergeschlagen und können nicht einmal einen vernünftigen Grund dafür liefern. Grant Duncan, ein neuseeländischer Politikwissenschaftler und Glücksforscher, schreibt, dass Traurigkeit ein gesundes und normales Gefühl sei, das wir akzeptieren sollten. »Befreien Sie sich von dem sozialen Zwang, glücklich zu sein und sehen Sie Glück nicht als Recht an.«[3] Diese Botschaft ist nicht neu, aber sie muss immer wieder gesagt werden, weil wir sie in unserem Glücksstreben ganz vergessen.

Es ist eine der vielen Eigenschaften des Glücks, dass es nicht jederzeit verfügbar ist. Aber das Glück findet uns leichter, wenn wir uns die Zeit nehmen, achtsam zu sein.

Glücksmomente erleben viele Menschen in der Natur. Dort werden alle Sinne angesprochen: Man *sieht* die hohen Bäume im Wald, *riecht* die Blüten der Wildkirsche, *fühlt* die warmen Sonnenstrahlen auf der Haut, *hört* die Vögel zwitschern und *schmeckt* die Himbeere, die man sich im Vorbeigehen in den Mund schiebt. Olga, eine 51jährige russische Krankenschwester, erzählt: »Ich war vor Kurzem an einem schönen Morgen im Wald spazieren, die Sonne stand noch nicht so hoch, die Luft war ganz rein, es war recht frisch. Auf einer großen Wiese hat sich auf den Grashalmen Tau gebildet. Die Sonne kam hinter einer Wolke hervor und diese vielen kleinen Wassertropfen auf dem Gras haben wie tausende Perlen geglitzert und geschimmert. Es war so wunderschön und vollkommen. Bei diesem Anblick und in diesem Moment habe ich mich glücklich gefühlt.« Von einem anderen überwältigenden Glückserlebnis in der Natur erzählt Silke, eine 23jährige Studentin: »Letzten Sommer bin ich mit meinen besten Freunden im Urlaub gewesen und da sind wir zufällig einen unauffälligen steilen Weg gefahren. Und oben auf dem Berg angekommen, hatten wir die schönste Aussicht, die ich je gesehen habe. Ich habe mich wegen der tollen Atmosphäre und meiner Freunde sehr glücklich gefühlt. Dieser Augenblick war unbeschreiblich schön für mich.« Manchmal liegt das Glück abseits vom Weg, dort, wo man es nicht vermutet hätte. Wenn wir uns nur auf das konzentrieren, was glücksversprechend aussieht, entgehen uns leicht solche Glücksmomente.

Auch die Stadt bietet solche intensiven Erlebnisse. Luisa, eine 21jährige Studentin, erzählt: »Ein großes Glückserlebnis war für mich, als ich im Frühjahr von einer Party nach Hause lief. Es war die erste laue Nacht des Jahres und ich war ein wenig angetrunken, aber nicht zu sehr. Es war einfach schön, zu spüren, wie es wieder wärmer wird und die Stadt zu leben beginnt. Ich war sorglos und auch dieser Gedanke machte mich glücklich.« Wenn wir den Augenblick mit allen Sinnen wahrnehmen, werden wir für das Glück empfänglich. Ein Glas Wein ist dabei nicht hinderlich.

Die Geschichten zeigen immer wieder: Glück ist nicht gleich Glück. Das Gefühl, von dem hier die Rede ist, ist ein intensives Hochgefühl, das ein Überraschungsmoment in sich birgt. Dafür können wir nicht sehr viel tun, denn wir können uns nicht selbst überraschen. Aber es gibt auch Glücksgefühle, die wir beeinflussen können. Diese sind vielleicht nicht so intensiv, aber sie dauern oftmals länger an als die Euphorie. Es ist ein Gefühl der Freude oder des Wohlfühlens. Uta, eine 46jährige Heilpraktikerin, erzählt: »Wirklich glücklich macht es mich, an der Münchner Freiheit (ein Platz in München-Schwabing) Cappuccino zu trinken und Eis zu essen. Für mich ist das ein Glück, weil ich es mir häufig verschaffen kann. Auf diese Weise kann ich Einfluss nehmen auf das Glück, zumindest teilweise, und das verschafft mir im Alltag Ressourcen.«

Das Gefühl, sein Leben selbst gestalten zu können, ist ein entscheidender Faktor für das Glückserleben. Aktive Menschen sind glücklicher als passive, sagen Glücksforscher. Dem kann man sicher zustimmen. Sein Leben selbst zu gestalten, heißt, das zu tun, wofür man sich interessiert. Und das bedeutet für manche, in der Hänge-matte zu liegen und sich mit einem guten Buch unter den Bäumen vom Wind schaukeln zu lassen.

Eine Sinneswahrnehmung, die sehr zu unserem Glück beiträgt, ist das Essen. Es ist deshalb kein Wunder, dass in unserer Gesellschaft, in der die ganze Marketing-Strategie auf Glücksversprechen aufgebaut ist, Kochshows wie Pilze aus dem Boden schießen. Für die Fernsehköche mag es ein Glück sein zu kochen – und nebenbei noch für das eigene Kochbuch zu werben. Aber für die Fernsehzu-schauer bleibt nicht viel vom Glück. Auf dem Fernseh-schirm zuzuschauen, wie die begeisterten Köche knacki-ges Gemüse schnippeln und saftiges Fleisch in der Pfanne brutzeln, ist schon hart genug, aber dann noch beim ge-nussvollen Verspeisen des Ergebnisses zuzusehen, trägt wenig zum Glück bei. Eigenes Tun ist nicht durch passi-ves Zusehen zu ersetzen. Übermäßiges Fernsehen gehört zu den größten Glückskillern. Anstatt sich vor dem Fern-seher mit einer aufgewärmten, kalorienreduzierten Tief-kühlpizza mit Ersatzschinken und Geschmacksverstärker zu begnügen, sollten wir es uns gönnen, selbst zu kochen.

Kochen ist eine Glücksquelle – allerdings nicht immer. Vor allem dann nicht, wenn man jeden Tag kocht und wenn es nicht um Kreativität geht, sondern nur darum, seine hungrige Familie satt zu bekommen und das mög-lichst schnell. Lange Zeit war es fast ausschließlich die Frau, die dafür sorgte, dass jeden Tag etwas Warmes auf dem Tisch stand. Als sich die Frauen in den 70er-Jahren von der traditionellen Frauenrolle lösen wollten, bedeu-tete das auch, sich von der Knechtschaft des Herdes zu befreien. »Wer sich nicht wehrt, endet am Herd«, hieß der Kampfspruch. Stolz verkündeten emanzipationsbewusste Frauen, dass sie nicht kochen könnten. Das hat sich inzwischen geändert. Heute ist Kochen zu einem Lifestyle-Programm geworden. Kochbücher, Küchengeräte, Profi-Küchen und sonstige Kochausstattungen verkaufen sich bestens. Auch Männer haben festgestellt, dass Kochen mehr sein kann, als das Fleisch auf dem Grill zu wenden. Sie kochen allerdings lieber für ein größeres Publikum, das ihre Kochkünste auch zu würdigen weiß: in Gourmet-Restaurants oder zu Hause für Gäste. Das Kochen für die Familie, die sich mit Lobeshymnen zurückhält und mit Kritik nicht spart, bleibt weiterhin vor allem den Frauen überlassen. Inzwischen haben auch Frauen wieder Spaß am Kochen entdeckt. Vor allem mit anderen zusammen, mit dem Partner oder mit guten Freunden. Clara, eine 22jährige Tourismuskauffrau, sagt: »Glück ist, wenn ich nichts machen muss und Zeit habe, mit meinem *Bär* was Schönes zu kochen und dann einen entspannten Abend zu zweit zu verbringen.« Nichts machen heißt für Clara, keine Verpflichtungen zu haben und dem nachzugehen, was sie gerne macht.

Doch nicht nur Kochen macht Spaß, sondern auch Essen, wie das Glückserlebnis der 28jährigen Lehrerin Agnes zeigt: »Es gibt einen ›goldenen‹ Zeitpunkt beim Essen eines sehr guten Menus, bei dem die Lust am Essen groß ist, aber der Magen noch nicht voll. Diese Kombination aus totalem Genuss und der Vorfreude auf die noch mindestens halbe Portion, die darauf wartet, verspeist zu werden, macht mich wahnsinnig glücklich.«

Auch bekocht zu werden, macht glücklich. Es ist ein Zeichen der Zuneigung und der Fürsorglichkeit, wie das Sprichwort »Liebe geht durch den Magen« sagt. Maren, eine 22jährige Ergotherapeutin, erzählt: »Das letzte Mal war ich heute Mittag glücklich, als meine Mama mein Lieblingsessen für mich gekocht hat.«

Dass Schokolade glücklich macht, wissen wir. Schließlich haben wir es oft genug erlebt, wenn eine zarte Schokolade auf unserer Zunge dahinschmilzt. Tatsächlich sind die stimmungsaufhellenden Substanzen in so geringen Mengen vorhanden – oder sie können nicht ins Gehirn gelangen, wo sie hin müssten –, dass das Wohlgefühl vor allem auf einen Placebo-Effekt zurückzuführen ist. Schließlich haben wir als Kind zur Belohnung und als Trost Schokolade bekommen, sodass wir gelernt haben: Mit Schokolade fühlen wir uns gleich viel besser. Auch in unseren Glücksgeschichten spielt Schokolade eine wichtige Rolle, ganz besonders, wenn es ein seltener Genuss ist. Lara, eine 28jährige Fernsehproduktions-Assistentin, erzählt: »Ich bin in Ost-Berlin aufgewachsen. Meine kleine Schwester und ich haben mal einen Schokoladenriegel bekommen. Diesen Schokoladenriegel haben wir uns zu zweit wochenlang geteilt. Jeden Tag durfte einer ein winzig kleines Stück abbeißen. Als die Mauer fiel, kam mein Onkel mit einem ganzen Karton Mars und Snickers. Ich glaube, mir hat seitdem nichts mehr so gut geschmeckt wie damals.« Lara kann sich inzwischen jederzeit Schokolade kaufen. Es ist nichts Besonderes mehr. Das ganz besondere Glück der Schokolade für sie und ihre Schwester war, dass es so selten und kostbar und meist unverfügbar war. Diese Geschichte zeigt, dass wir unser Glück ausbremsen, wenn wir versuchen, immer mehr von dem zu erlangen, was uns glücklich macht. Weil solche Momente so schön sind, wollen wir noch mehr davon. Aber mehr macht nicht zufriedener. Eine gute Tasse Kaffee macht glücklich, aber machen 20 Tassen glücklicher?

Das Dilemma zwischen Genuss und den Folgen kennen Frauen besonders gut. Susanne, eine 42jährige Bürokauffrau, erzählt: »Ich bin gerade auf Diät und habe schon zehn Kilo abgenommen, aber es müssen noch zwei Kilos runter. Wenn ich das geschafft habe, dann bin ich wirklich glücklich. Aber was mich jetzt glücklich machen würde, ist Schokolade oder ein Schokoladenpudding.« Weiter erzählt Susanne: »Sonst macht es mich auch glücklich, wenn ich mir am Sonntagabend in einer sauberen, geputzten Wohnung Rosamunde-Pilcher-Filme auf der Couch mit Rotwein und Käse anschaue. Mein letztes Glückserlebnis ist nicht so lange her. Am Wochenende waren ich und mein Mann mit Freunden im Englischen Garten. Wir sind gelaufen und es war so kalt, dass ich nur noch zurück nach Hause wollte. Ich hasse Sport. Ich war einfach glücklich, als wir wieder zu unserem Auto kamen und ich da noch Milchkaffee und meine Zigaretten entdeckte.« Das Glückserleben von Susanne ist sehr aufschlussreich. Es zeigt, wie komplex und widersprüchlich unser Glückserleben ist. Einerseits zeigt die Glücksforschung – und unsere eigenen Erfahrungen bestätigen es –, dass das Außergewöhnliche uns glücklich macht, etwas, das aus unserem Alltag herausragt. Auf der anderen Seite macht uns auch das Gewohnte oder ein bestimmtes Ritual glücklich. Für die einen ist es am Sonntagabend der Rosamunde Pilcher-Film, für die anderen der *Tatort*. Macht passives Fernsehen also entgegen aller Glückserkenntnisse doch glücklich? Oder nur bestimmte Sendungen? Kochen im realen Leben macht glücklicher als anderen im Fernsehen beim Kochen zuzusehen. Ein Mord hingegen ist uns im Fernsehen lieber als im realen Leben.

Susannes Glückserlebnis zeigt, dass Glück nicht immer dort zu finden ist, wo es die Ratgeber vorgeben. Sie macht Sport, so wie es die Glücksratgeber empfehlen. Schließlich werden beim Laufen Endorphine freigesetzt. Und gesund ist es auch noch. Glück findet Susanne jedoch nicht beim Joggen, sondern danach, als die ganze Quälerei ein Ende hat. Glück entsteht durch das Kontrasterlebnis. Sport macht, entgegen der Statistik, nicht alle Menschen glücklich – mich auch nicht. Aber muss denn Sport glücklich machen? Es tut unserem Körper und unserer Gesundheit gut. Das ist als Argument überzeugend genug. Wir putzen täglich unsere Zähne, aber keiner erwartet, dass es uns glücklich macht. Es gibt einfach Dinge im Leben, die wir tun sollten, ohne davon großes Glück zu erhoffen. Und dennoch kann es sein, dass sich das Glück einstellt, manchmal erst hinterher, so wie bei Maria, einer 56jährigen Lehrerin: »Glück ist für mich, wenn ich nach meinem Step-Aerobic-Kurs aus der Turnhalle krieche und spüre, dass ich lebe. Wenn ich mit den jungen Damen – ich bin in der Runde die Älteste – mithalten konnte bei der Choreographie. Es erfüllt mich wohlige Müdigkeit nach dieser Anstrengung und ich gehe glücklich nach Hause.«

Glück mit allen Sinnen zu genießen, bedeutet, die kleinen Dinge im Leben bewusst wahrzunehmen. Voraussetzung dafür ist eine innere Offenheit und eine Wertschätzung der Dinge, die scheinbar selbstverständlich sind: Die Natur, Musik, Bewegung, Essen. Sich auf das Wesentliche zu beschränken und dieses Wenige bewusst wahrzunehmen, wie Vera, die ein einfaches, aber intensives Leben in einem Wagendorf führt, kann Glück bedeuten.

»Hier hat man viel mehr das Bewusstsein, was brauch' ich eigentlich zum Leben.«
Vera (geb. 1985), Lederkunsthandwerkerin, erzählt von ihrem Leben in einem Wagendorf

Vera lebt in einem Wagendorf. In einem Wagen zu leben ist in Deutschland nicht erlaubt. Vera hat mir beschrieben, wie ich zu ihr finde, denn eine Adresse gibt es nicht. Es ist eine andere Welt, die ich betrete, als ich durch die Zaunlücke gehe, ein bisschen geheimnisvoll. An diesem verborgenen Platz wohnen zwölf Erwachsene und sechs Kinder in ihrem eigenen bunten Dorf. Eine ungewohnte Stille – und das in München – empfängt mich, als ich dort an einem sonnigen Vormittag ankomme. Kein Mensch ist zu sehen. Man hört nur die Vögel zwitschern und ab und zu einen Zug vorbeirauschen. Auf dem geteerten Platz stehen LKWs, Bauwägen und ein alter Zirkuswagen, alle bunt bemalt oder mit Graffitis besprüht. Dazwischen stehen Blumentröge, in denen Salat wächst, und Töpfe mit

Kräutern und Blumen. Neben dem Platz liegt ein lauschiger, verwilderter Garten mit einer Schaukel und einer kleinen Rutsche. Ein großer Teil davon ist abgezäunt. In einem Gehege stolziert ein Hahn um seine fünf scharrenden Hühner herum.

Ich suche nach Vera und finde sie auf der Veranda vor ihrem Bauwagen. Das selbstgezimmerte Geländer, das weiße Sonnensegel, der kleine Holztisch und einige Blumentöpfe machen diesen Platz zu einer Idylle. Vera, eine junge, hübsche Frau in Jeans und T-Shirt begrüßt mich mit einem offenen, sympathischen Lächeln. Sie hat gerade Tee gemacht und schenkt uns aus dem getöpferten Krug ein. Ihr acht Monate alter Sohn, mit blonden zerzausten Haaren und einer bunten Latzhose, spielt auf der Veranda mit einem Holzspielzeug. Ihr Freund ist als Zimmerer auf einer Baustelle unterwegs. Sie wohnen zu dritt in diesem Bauwagen. Das stellt man sich als einen schönen Urlaub vor, aber darin leben? »Ein bisschen eng ist es schon«, sagt Vera lachend. Ihr Freund richtet gerade einen LKW her, um den Wohnraum zu erweitern. Was begeistert Vera an einem Leben im Wagendorf?

Es ist einfach verbunden mit viel draußen sein. Unser gemeinsames Wohnzimmer ist da drüben im Freien und hat alles, was wir brauchen – eine Überdachung, einen Teppich und Sofas. Wir sind hier viel näher an den Elementen dran. Wenn es regnet oder gewittert, dann erlebt man das viel intensiver als in einer Wohnung. Wenn wir es warm haben wollen, müssen wir unseren Ofen einheizen und wenn wir Wasser brauchen, dann müssen wir unseren Ka-

nister füllen. In einer Wohnung mit fließendem Wasser und Toilettenspülung verliert man das Gefühl dafür, welch große Mengen an Wasser durchrauschen, oft sogar ungenutzt. Hier hat man viel mehr das Bewusstsein, was brauch' ich eigentlich zum Leben. Ich finde, das geht in einer Wohnung total verloren. Gerade mit meinem Sohn ist es mir wichtig, zu fragen: Was gibt das Leben her und wie funktioniert das alles. Das finde ich total spannend.

Im Grunde genommen brauche ich nicht viel zum Leben. Ich kann ja auch nicht viel verstauen in dem Wagen, aber das, was wir brauchen, hat Platz: Ein Bett, ein Waschbecken, ein Ofen, Kleidung, Geschirr und meine Lieblingsbücher. Sogar mein Werkzeug und das Material hat Platz: meine Nähmaschine, Wolle, Lederwerkzeug und Leder. Damit kann ich vieles selbst herstellen.

Für mich ist es kein Verzicht, mit wenigen Dingen zu leben. Da ist jeder wieder anders. Ich glaube, wenn man sich mit dem beschäftigt, was einem wirklich wichtig ist, dann braucht man das Materielle nicht so. Dinge machen mich nicht glücklich. Und trotzdem bin ich dem Einfluss der Konsumgesellschaft ausgesetzt. Wenn ich Spaghetti kaufe und auf der Packung ist Parmesan abgebildet, dann denke ich: Ach, das wäre jetzt auch noch gut dazu. Ohne das Bild wäre mir der Gedanke gar nicht gekommen.

Mit unserem Leben im Wagendorf möchten wir auch Signale gegen die Wegwerfmentalität setzen, besonders was Lebensmittel betrifft. Deshalb gehen wir immer wieder containern. Wir ziehen los, sobald es dunkel ist, und suchen in den Containern von Supermärkten weggeworfene Lebensmittel. Die meisten sind verpackt und haben nur einen Fehler: Das Mindesthaltbarkeitsdatum ist abgelaufen. Das ist ja kein Verfallsdatum. Die Lebensmittel sind noch einwandfrei. Manchmal werden sie auch schon vor dem Datum weggeworfen. Um die Ecke gibt es einen Billig-Supermarkt mit Massen an Zeug! Also was die wegschmeißen ist richtig unheimlich. Da steht man dann sprachlos davor.

Es sind nicht die Dinge, die ich brauche, sondern die Menschen. Und das erlebe ich hier. Das Zusammenleben mit den anderen ist sehr intensiv. Ich könnte mir absolut gar nicht vorstellen, alleine mit Freund und Kind in einer Wohnung zu leben. Da wäre ich viel zu abgeschottet. Wir sind alle miteinander befreundet und verbringen viel Zeit miteinander, aber es ist keine heile Welt. Das ist auch nicht das, was wir hier suchen. Natürlich gibt es auch Konflikte. Das bringt ein gemeinsames Leben mit sich. Die Frage ist nur, wie man damit umgeht. Toleranz ist natürlich wichtig, aber auch Freiheit. Das Schöne am Leben im Wagendorf ist, dass man mit den anderen zusammen sein kann, wenn man möchte, aber nicht muss. Und wenn ich lieber alleine bin, geh ich in meinen Wagen und mache einfach die Tür hinter mir zu.

Der Platz hier ist nicht offiziell genehmigt, wir haben den privat gemietet. Wenn ein Polizist vorbeikommt, dann wohnen wir hier nicht, sondern es sind Ateliers oder Werkstätten. Die wissen natürlich auch, dass es nicht stimmt, aber solange wir das sagen, können sie die Nachbarn beruhigen, wenn sich mal jemand beschwert. Es läuft mehr unter der Hand.

Vor einigen Jahren haben wir einen Verein gegründet,

um mit unserem Leben in Wagen an die Öffentlichkeit zu treten. Wir haben mit dem Kulturreferat in München verhandelt und dadurch erreicht, dass wir das Wagendorf Stattpark Olga gründen konnten. Dort veranstalten wir ein sehr vielseitiges Kulturprogramm. Ich arbeite immer noch im Verein, aber trotzdem bleibe ich mit meinem Wagen an diesem Platz, weil hier auch andere mit Kindern leben.

Ich erinnere mich noch genau an den Moment, als ich mich entschieden habe, in einem Wagen zu leben. Damals war ich noch Buchhändlerin und lebte in einer Wohngemeinschaft. Es war eine Dachgeschosswohnung; ich konnte sogar über die Dächer von München schauen. Dort hatte ich ein Zimmer mit 20 Quadratmetern, ganz für mich alleine! Klar war das schön. Und trotzdem habe ich auf einmal gemerkt: Das ist es nicht. Und zwar war das nach einer Radtour. Ich war eine Woche mit dem Rad unterwegs in den Bergen. Das habe ich öfters gemacht, aber als ich damals zurückkam, hat es geregnet und ich saß in meinem Zimmer und ich hatte das Gefühl, ich ersticke. Ich musste rausgehen, weil ich dachte, ich halte es hier nicht aus. Das war der Moment, in dem mir klar war: Ich will draußen sein. Ich will anders leben. So jedenfalls nicht mehr. Da war ich 22 Jahre alt. Dann habe ich mir hier diesen Wagen von einem Freund gekauft. Der kostete weniger als meine bisherige Monatsmiete. Und nun war er mein Eigentum. Ich fühlte mich so frei. Meinen Lebensunterhalt habe ich mir auf dem Tollwood-Festival verdient. Ich habe am Gastronomiestand eines Freundes gearbeitet. Das hat mir richtig Spaß gemacht, vor allem auch deshalb, weil viele von meinen Freunden dort gearbeitet haben.

Einige Zeit später habe ich mir einen alten, verrosteten Mercedes-Bus gekauft, für den eigentlich nur noch der Schrottplatz infrage kam. Damit wollte ich nach Griechenland auf die Insel Lesbos fahren, um an einem Grenzcamp teilzunehmen. Das war ein Projekt für Flüchtlingsarbeit. Aber erst mal musste ich den Bus wieder fahrtauglich machen. In der Halle eines Freundes habe ich geflext und geschweißt. Dort war auch ein Bootsbauer, der ein Boot hergerichtet hat. Er hat mir viel geholfen, bei ihm habe ich eine Menge gelernt. Und irgendwann haben wir uns ineinander verliebt.

Die Autoreparatur hat länger gedauert, als ich dachte. Das hat hinten und vorne nicht hingehauen. Deshalb wollte ich mit dem Flieger zu dem Grenzcamp, aber dann war das Geld von meiner Arbeit nicht rechtzeitig da. Zuerst war ich total enttäuscht. Dann habe ich an meinem Bus weitergebastelt. Als er fertig war, bin ich mit meinem Freund und zwei Freundinnen, die auch einen Bus hatten, nach Spanien runtergefahren. Zwei Monate waren wir dort und als ich zurückkam, war ich schwanger. Zuerst war das ein Schock. Ich habe überhaupt nicht damit gerechnet. Mein Freund und ich waren erst ein halbes Jahr zusammen und noch frisch verliebt. Aber dann haben wir gesagt: Wir trauen uns das zu, miteinander. Ist doch auch irgendwie schön, ein Kind zu bekommen.

Als wir wieder nach Deutschland zurückkamen, habe ich mit meinem Bus erst mal an der Straße gelebt. Ich wollte es mir nicht einfach im Wagendorf gemütlich machen, sondern für mich selbst eine innere Dringlichkeit herstellen, um die Idee von Stattpark Olga zu verwirklichen. Ich wollte mich mit denen solidarisieren, die keinen Platz hatten, an dem sie ihren Wagen hinstellen und leben konnten. Und ich wollte wissen, wie es ist, auf der Straße zu leben: Wie organisiere ich mich? Wo krieg ich Wasser her? Wo finde ich eine Toilette und eine Dusche? Es war eine harte Zeit. Auch weil es Winter war und dunkel. Die Straße war nicht beleuchtet und der Bus war eng. Alles war provisorisch. Vor allem fehlte mir die Gemeinschaft. Und die Schwangerschaft gab mir den Rest. Ich musste mir überlegen, wie es mit mir weitergehen sollte und brauchte außerdem einen Job. Damit war ich vor eine komplett neue Situation gestellt. Das hat mich alles ziemlich runtergezogen. Schließlich bin ich wieder zurück in meinen Bauwagen. Da ging es mir wieder viel besser. Einen Job hatte ich auch gefunden. Bei einer Modekette. Das war nicht gerade mein Traumjob: Die ganze Zeit ohne Tageslicht, musikalische Dauerberieselung und nur von Leuten umgeben, die nichts anderes als Mode und Einkaufen im Kopf haben. Trotzdem war die Arbeit für mich sehr wichtig, weil sie mich aus meiner depressiven Stimmung geholt hat.

Und jetzt wohnen wir hier zu dritt. Das Leben im Wagendorf trägt viel zu meinem Glück bei. Draußen zu sein ist für mich sehr wichtig. Da erlebe ich immer wieder Glücksmomente. Manchmal wache ich morgens auf, und es ist strahlend schönes Wetter und ich steh auf und denke: Was für ein schöner Tag! Ich glaube, Glück ist für mich stark wetterabhängig. Glücklich bin ich auch in den Bergen, wenn ich auf dem Gipfel stehe.

Ich bin zufrieden mit meinem Leben, aber es gibt immer wieder Punkte, wo ich unzufrieden bin. Man strebt natürlich an, zufrieden zu sein. Und dennoch: Zufriedenheit als Dauerzustand stelle ich mir irgendwie langweilig vor. Es passiert dann einfach zu wenig. Für mich ist es wichtig, dass man in Bewegung bleibt, als Mensch und auch als Gesellschaft. Und da braucht es immer wieder eine Portion Unzufriedenheit. Das Leben hier im Wagendorf ist intensiv, es ist anstrengend, aber es ist auch schön. Und trotzdem weiß ich noch nicht, wie lange wir noch hier im Wagendorf leben werden. Mein Freund und ich wollen aufs Land ziehen und ein Hofprojekt gründen, zusammen mit anderen Freunden. Ein alter Bauernhof mit Werkstatt wäre toll, weil einige von uns Zimmerer oder Schreiner sind. Ich könnte dann auch wieder mehr Lederarbeiten machen. Ein Garten müsste auch dabei sein. Dort könnte ich noch mehr anbauen als hier. Dann könnten wir noch eigenständiger leben.

Macht Erfolg glücklich?

»Ich bin glücklich, wenn ich mit den
Händen etwas schaffen kann und noch ein
Erfolgserlebnis dazu habe, zum Beispiel
wenn ich etwas stricke und damit fertig
werde.«

Helga, 44 Jahre, Versicherungskauffrau

»Das letzte Mal war ich glücklich, als ich
erfahren habe, dass ich die schriftlichen
Vordiplomsprüfungen bestanden habe.«

Tina, 25 Jahre, Politikstudentin

»Als ich letzten Samstagabend mit einer
Freundin gegen zwei Männer beim Kickern
gewonnen und in ihre enttäuschten
Gesichter gesehen habe, war das ein richtig
tolles Glückserlebnis.«

Julia, 28 Jahre, Lehrerin

Erfolg macht glücklich – manchmal. Es kommt darauf an,
was man unter Erfolg versteht. Oder mit wem man sich
vergleicht. Eine Schauspielerin ist glücklich, wenn sie für
den Oscar nominiert wird. Aber ist sie auch dann noch
glücklich, wenn der Preis an die Konkurrentin geht? Am
Abend der Preisverleihung wohl nicht – so knapp am
Weltruhm vorbei. Während die strahlende Siegerin zur

Bühne schreitet und dabei noch einige Freudentränen vergießt, müssen die anderen Nominierten ihre vorbereitete Dankesrede in der Tasche lassen und mit dem Publikum Beifall klatschen. Erfolg ist eine Sache der Perspektive. In diesem Kapitel geht es um verschiedene Aspekte des Erfolgs. Doch zunächst das Glückserlebnis einer Siegerin, die zwar keinen Oscar, aber einen anderen Pokal mit nach Hause nehmen durfte. Elena, eine 23jährige Berufstänzerin, erzählt: »Tanzen ist meine große Leidenschaft. Ich liebe es, auf der Bühne zu stehen und die Leute mit dem Tanz, der mich selber schon mein halbes Leben fasziniert, anzustecken. Ich trainiere eigentlich jeden Tag und ich mag das Gefühl, am Ende des Tages richtig ausgepowert zu sein und die Anspannung meiner Muskeln zu spüren. Tanzen bedeutet für mich Glück. Der glücklichste Moment in Verbindung mit dem Tanzen war jedoch für mich, als ich den ersten Platz bei den Europäischen Irish Dancing Meisterschaften in Dublin gewonnenen habe. Ich glaube, dass dies das größte Geschenk ist, das man für seine Arbeit bekommen kann. Das Gefühl, auf dem ersten Platz zu sein, den Pokal in der Hand halten zu dürfen und für einen Moment lang im Mittelpunkt so vieler Menschen zu sein, die alle für diesen Moment deine Freude mit dir teilen, ist einfach unbeschreiblich. Für einen kurzen Moment im Leben vergisst du alle Sorgen, vergisst alles um dich herum und nur du selber mit all deiner Freude und deiner Überwältigung zählst. Das war und ist für mich mein persönliches Glück.«

Solche Erfolgserlebnisse sind unvergesslich und leider selten. Die wenigsten erreichen sie. Unsere heutigen

Maßstäbe orientieren sich jedoch an außergewöhnlichen Leistungen. Erfolgreich ist jemand, der aus der Mittelmäßigkeit herausragt. Das sind diejenigen, die auf einem Siegertreppchen stehen oder einen Porsche fahren. Hat man sich früher mit der Nachbarin oder der Kollegin verglichen und ist dabei ganz gut weggekommen, so ist heute der Maßstab die Bundeskanzlerin oder *Germany's Next Topmodel*, je nach Interesse oder Talent. Der Bewerberinnenandrang bei *Germany's Next Topmodel* ist riesig, der bei der Bundeskanzlerin etwas kleiner, was aber die Chancen auf diesen Posten nicht aussichtsreicher macht. Unsere Vorstellung von Erfolg ist von dem geprägt, was in den Medien gezeigt wird: Olympia-Siegerinnen, Schönheitsköniginnen oder Frauen in Führungspositionen.

Doch selbst die größten Erfolge machen auf die Dauer auch nicht glücklicher als ein neues Kuchenrezept, das gelungen ist. Im Gegenteil, die Latte hängt so hoch, dass alle anderen Erfolgserlebnisse nicht mehr genügen können. Der Erfolg muss nicht nur wiederholt, sondern noch gesteigert werden. Hat man ein Projekt gut abgeschlossen, muss das nächste noch besser werden. Man ist nie am Ziel. Hat man ein großes Ziel erreicht, schwebt man eine Zeit lang auf rosaroten Wolken, aber früher oder später kommt jeder wieder in der Alltagswirklichkeit an. Diese Umstellung ist nicht einfach und gelingt nicht jedem, vor allem, wenn man lange Zeit auf der Erfolgswelle geschwommen ist. Während Steffi Graf nach ihrer Tenniskarriere eine neue Lebensaufgabe in ihrer Familie und in ihrer Stiftung für traumatisierte Flüchtlingskinder gefunden hat und nun ein eher zurückgezogenes Leben führt, ist Boris Becker immer noch häufig dort zu sehen, wo viele Fotografen sind, ob auf der Wiesn-Party im Käfer-zelt oder bei der Eröffnung eines Designer-Stores.

Suchen wir unser Lebensglück im Erfolg, geraten wir leicht in eine Tretmühle. Man strebt nach dem nächsten Erfolg. Davon erzählt eine 21jährige chinesische Studen-tin: »Vor einigen Jahren nahm ich an einer regionalen Kunstausstellung teil, die in unserer Kreishauptstadt stattfand. Ich hatte mich mit drei Werken beworben. Am Bewerbungstag kamen sehr viele Künstler aus der Ge-gend. Ich war mit meinen 14 Jahren die Jüngste und war ziemlich eingeschüchtert von den vielen erwachsenen Kunstschaffenden mit ihren großartigen Bildern, die mich sehr beeindruckten. Ich hatte keine große Hoff-nung, dass eines meiner Bilder angenommen werden würde. Aber ich bekam tatsächlich eine Zusage. Ich war dabei! Die nächsten Tage war ich völlig euphorisch. Das Glücksgefühl wirkte wie eine Droge. Ich schwebte wie auf Wolken, nahm meine Umwelt nur eingeschränkt wahr. Das war natürlich ein sehr glückliches Ereignis, es brachte aber auch Enttäuschung mit sich, denn ich hatte immer das Gefühl, mich steigern zu müssen: Jeder Erfolg musste durch einen größeren Erfolg übertroffen werden. Trat der nicht ein, war ich maßlos enttäuscht. In der da-rauffolgenden Zeit konnte ich mich nicht steigern, ich wurde sogar schlechter, was ich mir nicht erklären konnte. Längerfristig führte es dazu, dass ich das Malen und Zeichnen hinschmiss und erst mit dem Studium in der Kunstpädagogik wieder richtig begann.«

Der große Erfolg, den man anstrebt, hält selten, was er verspricht. Hat man seinen Traumjob endlich bekommen, dann gewöhnt man sich schneller daran als einem lieb ist, aber leider nicht an die negativen Begleiterscheinungen, wie zum Beispiel unbezahlte Überstunden oder launische Vorgesetzte. Der Sozialpsychologe Norbert Schwarz, Professor an der Universität von Michigan, zeigt in seinen Forschungen, dass das Glück nur so lange anhält, wie wir unsere Aufmerksamkeit auf die Glücksquelle richten. Das hat er zusammen mit seinem Forschungsteam an Autofahrern nachgewiesen. Er fragte: Sind Männer in Luxusautos glücklicher als Männer in Kleinwagen? Der erste Teil der Forschung ergab: Männer sind glücklicher, je teurer das Auto ist. Doch eine genauere Befragung – diese fand während des Autofahrens statt – zeigte ein anderes Ergebnis: Ein Auto der Luxusklasse zu fahren macht nur glücklich, wenn man sich auf diesen Fahrkomfort konzentriert. Doch meistens richtet sich unsere Konzentration während des Fahrens auf andere Dinge, zum Beispiel auf den Stau, der uns daran hindert, die PS unter der Motorhaube zu nutzen, oder auf die Kinder, die mit ihren Schokoladenkeksen die teuren Sitze vollbröseln. Dieses Forschungsexperiment wurde von Männern konzipiert und spiegelt entsprechend eher deren Vorstellung von Glück wider als die der Frauen. Aber auch neue High Heels machen nur so lange glücklich, bis man sich die ersten Blasen gelaufen hat. Dann wird unsere Aufmerksamkeit auf die schmerzenden Füße gelenkt und die schönen Schuhe sind Nebensache.

Beim Erfolg ist es genauso. Die Freude darüber hält

nur solange an, wie wir ihm unsere Aufmerksamkeit schenken. Und das geschieht meistens nur am Anfang. Irgendwann kehrt wieder der Alltag ein. Besser ist es also, seine Erfolgserlebnisse gleich im Alltag zu suchen. Denn Erfolg findet man nicht nur im Beruf, sondern in vielen Dingen. Schenkt man den kleinen Erfolgserlebnissen Beachtung, dann hat man eine wichtige Glücksquelle angezapft.

Häufig würdigen wir unsere Erfolge im Alltag zu wenig, weil sie uns als selbstverständlich erscheinen. Unser Verständnis von Erfolg definiert sich über den Vergleich, wenn man also besser abschneidet als die anderen, wenn man mehr verdient oder eine bessere Position innehat. Alltagserfolge kommen aber gut ohne Wettbewerb aus. Man muss nicht immer besser sein als andere. Wer seine Stärken erkennt, sie einsetzt und die Schwächen akzeptiert, tut für sein Glück schon sehr viel.

Unsere Stärken entdecken wir in den vielen kleinen Erfolgen. Wenn wir diese wahrnehmen, anstatt sie unter »nicht erwähnenswert« abzulegen, stärkt das unser Selbstvertrauen. Es ist immer ein Erfolg, wenn uns etwas gelingt. Das kann das Ausfüllen der Steuererklärung sein oder dass wir unsere Kinder ohne Diskussion ins Bett gebracht haben. Von dem Glück, wenn eine Arbeit gelingt, erzählen auch unsere Interviewpartnerinnen. Silke, eine 34jährige Lehrerin, antwortet auf die Frage, was für sie Glück ist: »Wenn ich feststelle, dass ich meinen Schülern etwas beibringen kann.« Das ist sogar ein doppelter Erfolg. Der Erfolg ihrer Schüler und Schülerinnen ist zugleich ihr eigener. Auch Ruth, eine 29jährige Lehrerin, erzählt: »Mein letztes Glückserlebnis hatte ich heute, als mir eingefallen ist, wie ich meinen Schülern das Unterrichtsziel vermitteln kann und als ich mit meinen Unterrichtsvorbereitungen für die kommende Woche fertig war.«

Unsere Arbeitswelt verursacht oft einen großen Druck, weil wir nie fertig sind oder weil wir nie gut genug sind. Dabei sind wir selbst unsere strengsten Kritiker. Dieses Gefühl, die Arbeit nie gut genug zu bewältigen, ist eine der Ursachen, die zum Burn-out führen können. Deshalb ist es wichtig, dass wir selbst unsere Arbeit wertschätzen und die kleinen Wegstrecken sehen, die wir geschafft haben. Und das bedeutet, schon die einzelnen Arbeitsabschnitte als einen Erfolg schätzen zu lernen. Auch wenn wir große Ziele haben, ist es sinnvoll, sich kleine Etappen zu setzen und sich zu freuen, wenn man das Etappenziel erreicht hat. Das kann man durchaus auch zelebrieren. Es muss nicht nach jedem bewältigten Berg von Bügelwäsche ein Glas Prosecco sein – man feiert sonst womöglich bald jedes gebügelte T-Shirt als Erfolgserlebnis – , aber man kann sich mit gutem Gewissen einige Minuten bei einer Tasse Tee und schöner Musik entspannen, ohne gleich zur nächsten Arbeit zu hetzen.

Glück und Erfolg sind auch in einer anderen Weise miteinander verbunden. Eine Arbeit, die wir gerne machen, gelingt uns meistens auch ganz gut. Und umgekehrt: Wir haben Freude an einer Arbeit, die uns gelingt. Dabei kommen unsere Begabungen zum Vorschein, so wie beim Glückserlebnis der Tänzerin Elena. Tanzen ist ihr Alltag. An dem, was wir gerne tun, erkennen wir unsere besonderen Fähigkeiten. Faulenzen gehört in diesem Fall nicht dazu. Dort, wo unsere Stärken liegen, ist der Erfolg nicht weit weg. So berichtet Irene, 47 Jahre: »Für mich bedeutet Glück eigentlich die Familie, aber vor einigen Jahren habe ich mit einigen Bekannten einen Partyservice gegründet, der seitdem sehr gut läuft. Wir haben fast jedes Wochenende mehrere Aufträge. Ich versuche natürlich trotzdem, für meine Familie da zu sein und bin der Meinung, dass das ganz gut klappt. Es macht mich glücklich, gebraucht zu werden, aber gleichzeitig auch meiner Leidenschaft, dem Kochen, nachzugehen und damit auch noch Geld zu verdienen.«

Die Freude an dem, was wir tun, ist schon ein erster Garant für das Gelingen. Es lohnt sich, dem nachzugehen, was wir gerne machen, und dadurch unsere Stärken aufzuspüren. Die eigenen Stärken wahrzunehmen, ist meistens schwieriger als die Schwächen. Die fallen uns sofort ins Auge. Frauen neigen eher zur Selbstkritik als Männer. So zeigt eine Studie, dass Frauen, die am Computer ein Problem lösen sollten, den Fehler bei sich suchten, wenn es ihnen nicht gelang. Männer hingegen hatten eine andere Erklärung dafür: Das Computerprogramm tauge nichts. Konnte das Problem gelöst werden, war die Ursachenzuschreibung genau umgekehrt. Frauen gaben äußere Faktoren an: den Zufall oder den geringen Schwierigkeitsgrad. Für Männer hingegen war klar, dass der Erfolg an ihrem Können lag.

Unsere Aussichten auf Erfolg sind größer, wenn wir unsere Stärken einbringen als wenn wir an unseren Schwächen arbeiten. Aber dazu muss man sie erst einmal entdecken. Wenn wir darüber nachdenken, was uns besonders viel Freude macht oder wenn wir Neues wagen, sind wir auf einem guten Weg. Ausprobieren birgt aber auch die Möglichkeit des Scheiterns in sich. Es ist ein großer Irrtum unserer heutigen Zeit, wenn wir glauben, nur der Erfolg führe zum Glück. Misserfolge oder das, was wir darunter verstehen, gehören ebenso zum Leben. Sie sind nicht überflüssige Umwege und Barrieren, sondern Bestandteile des Lernens. Es sind Erfahrungen, die unser Leben bereichern und uns wieder ein Stück weiterbringen. Wenn man weiß, wie man es nicht machen sollte, ist man dem Erfolg schon näher. Hat man seinen Kuchen bei der Höchsttemperatur in den Ofen geschoben, damit er schneller fertig wird, macht man das beim nächsten Mal bestimmt nicht mehr. Die meisten Forschungserkenntnisse basieren auf einer Vielzahl von misslungenen Versuchen. Jeder einzelne hat zum späteren Erfolg beigetragen. Auf dem Boden von Misserfolgen und Krisen sind schon manch große Erfolge entstanden.

Die Erfolgsaussichten sind größer, wenn man nicht nach unerreichbaren Zielen strebt, sondern die Chancen nutzt, die vor einem liegen. Die 25jährige Jasmin hat ein Restaurant geerbt und sich damit selbstständig gemacht: »Ich habe erst bei meinen Eltern im Restaurant gearbeitet und das war eher hart. Kaum Geld, du kannst eigentlich nie Nein sagen, weil's ja deine Eltern sind, dazu lief's am Anfang auch nicht so gut. Jetzt brummt der Laden und meine Eltern haben mir das Restaurant vermacht. Ansonsten stimmt's in der Liebe und im Leben. Aber die Sache mit dem Restaurant ist wahnsinnig schön. Jetzt stehe ich am Morgen auf und weiß, was ich zu tun habe. Und falle am Abend todmüde ins Bett … versteht sich.«

Die Arbeit wurde für Jasmin bestimmt nicht weniger, aber sie bekam die Verantwortung übertragen und konnte ihre Arbeit selbst gestalten. Das hat sie wiederum dazu motiviert, das Beste aus dieser Chance zu machen.

Das Problem der heutigen Arbeitswelt ist, dass unsere Gestaltungsmöglichkeiten sehr begrenzt sind. Häufig sind wir in der Maschinerie einer großen Firma nur ein kleines Rädchen, das funktionieren muss. Die großen Zusammenhänge sind für uns unsichtbar. Das macht es schwer, den Sinn in der Arbeit zu sehen. Manchmal muss man sich die Sinnbezüge in seiner Arbeit selbst schaffen. Anstatt sich der scheinbaren Machtlosigkeit zu fügen, kann man die Gestaltungsmöglichkeiten innerhalb des vorgegebenen Rahmens nutzen. Veränderungen beginnen oft im Kleinen, zum Beispiel indem man die Zusammenarbeit mit den Kolleginnen und Kollegen sucht, anstatt nebeneinander her oder gar gegeneinander zu arbeiten. Das verändert die Atmosphäre im Büro. Teamarbeit und Netzwerkbildung sind heute Schlüsselkompetenzen und eine Stärke der Frauen. Schon früher brachten Frauen diese besondere Fähigkeit ein. Ende des 18. Jahrhunderts haben Frauen einen Rahmen für Networking geschaffen. In den Salons von wohlhabenden bürgerlichen Frauen begannen schon viele Karrieren. Beziehungspflege schafft Zusammenhänge und macht deshalb Sinn. Der Rahmen unserer Handlungsmöglichkeiten ist nicht so eng, wie wir denken. Oftmals existiert er nur in unseren Köpfen. Um etwas zu verändern, müssen wir erst die Grenzen in unserem Denken überwinden und uns darüber bewusst werden, dass ein kleines Rädchen eine ganze Maschine bewegen kann.

Sinnvolle Arbeit finden manche weniger im Beruf als in einer ehrenamtlichen Tätigkeit. Dort haben Erfolge eine ganz andere Dimension, denn Karriere oder Geld spielen dabei selten eine Rolle. Die Glücksforscher sind sich einig, dass eine gesunde Portion Altruismus zu den größten Glücksfaktoren zählt. Sabrina, eine 23jährige Krankenschwester, erzählt: »Meine Glückserlebnisse habe ich momentan nicht so sehr in meinem Beruf. Den empfinde ich gerade eher als unbefriedigend und anstrengend. Im Rahmen meiner Freizeitbeschäftigung fallen mir dagegen gleich mehrere Glückserlebnisse ein, zum Beispiel folgendes: In meiner Freizeit trainiere ich Kinder bei uns im Sportverein in Leichtathletik. Die Kinder sind zwischen zehn und zwölf Jahre alt. Ich weiß aus meiner aktiven Zeit als Stabhochspringerin, wie toll ein Sieg ist und wie glücklich er macht. Aber für mich war es im Sommer bei einem Wettkampf, den meine Knirpse bestritten, noch einmal ein ganz anderes Erlebnis, sie so völlig begeistert zu erleben. Einer meiner Schützlinge ist ein sehr lebhafter Junge. Im Training bringt er oft mehr Unfug als Konzentration ein und ist deswegen für mich auch manchmal sehr anstrengend. Dieser Junge hat mich dort sehr überrascht. Er selbst war hoch konzentriert, äußerst begeistert bei seiner besten Disziplin – dem Sprint – am Start und hat seinen Lauf auch gewonnen. Nach dem Lauf hat er den anderen Kindern aus seiner Trainingsgruppe zugeschaut. Zu meiner großen Überraschung hat er nach verpatzten Einsätzen der anderen die Trösterrolle übernommen. Er hat ihnen Mut zugesprochen und eine für mich völlig überraschende Sensibilität gezeigt. Nachdem ich oft im Training mit mir gehadert hatte, ob ich ihn weiterhin mitmachen lassen kann, war ich sehr glücklich, ihn so zu erleben und insgesamt zu sehen, wie die Kinder ihr Gewinnerglück oder Verliererpech miteinander teilten. Für mich war es mein Trainerinnenglück.«

Erfolg sieht manchmal ganz anders aus, als wir ihn uns vorstellen. Der Junge, von dem Sabrina erzählt, war ein guter Sportler. Es war aber nicht seine Leistung, die Sabrina glücklich machte, sondern seine überraschende Sensibilität, die er an den Tag legte. Das hätte sie von ihm nicht erwartet. Dass er bei diesem Wettkampf seinen sportlichen Erfolg zurückstellte und sich stattdessen in die Enttäuschung der anderen, weniger erfolgreichen Kinder hineinfühlte, zeigte eine völlig neue Seite von ihm. Für Sabrina war es eine Bestätigung dafür, dass sie ihn trotz ihrer Zweifel nicht aufgegeben hatte.

Die Geschichte zeigt auch noch einen anderen Aspekt: Ausdauer lohnt sich. Wenn wir uns für etwas einsetzen, was uns wichtig ist, kommen wir häufig an den Punkt, an dem wir uns fragen, ob der Einsatz gerechtfertigt ist. Vor allem dann, wenn nicht das herauskommt, was wir erwarten oder das, was wir unter Erfolg verstehen. Aber manchmal entsteht dabei etwas, mit dem wir gar nicht gerechnet haben. Wir gewinnen eine besondere Erfahrung, die wir sonst nicht gemacht hätten. Oder wir begegnen Menschen, die wir sonst nicht kennengelernt hätten. Oftmals sind wir so fixiert auf unsere Schmalspur-Definition von Erfolg, dass uns andere positive Nebeneffekte entgehen. Nichts ist vergeblich, schon gar nicht, wenn wir unsere Zeit und Energie für andere Menschen einsetzen. Das ist eine andere Art von Erfolg. Kein Erfolg, mit dem man angeben kann, aber einer, der glücklich macht.

Von einer Erfolgsgeschichte in der Freizeit erzählt auch Beate, eine 41jährige Bürokauffrau: »Ich bin ehrenamtlich im Schlittschuhverein meiner Tochter tätig und gebe dort Kurse für Kinder im Alter von drei bis sechs Jahren. Gestern hatte ich 14 Kinder, die noch nie auf den Kufen standen. Am Anfang dachte ich mir: Wie soll ich das bloß schaffen? Doch nach der Stunde, als alles gut gelaufen war und die Kinder toll mitgemacht hatten, war ich so richtig glücklich. Es war eine Herausforderung für mich und ich habe sie geschafft.«

Herausforderungen anzunehmen und sie zu bewältigen, ist eine besondere Glücksquelle. Man entdeckt dabei eigene Fähigkeiten oder wird bestärkt in dem, was man kann. Es gibt Abenteuernaturen, die vor keiner Herausforderung zurückschrecken. Dazu gehören Frauen wie die österreichische Bergsteigerin Gerlinde Kaltenbrunner, die alle Achttausender der Welt bestiegen hat. Was sie glücklich macht, sind jedoch nicht die Rekordleistungen, sondern das Bergsteigen an sich. Wenn sie nach monate- oder gar jahrelangen Vorbereitungen auf dem Gipfel steht, sei sie überwältigt von der Aussicht und müsse weinen vor Freude. Nicht jeder ist bereit, für einige glückliche Minuten einen Achttausender zu besteigen. Aber die Herausforderungen, die sich in unserem Alltag stellen, sind groß genug, um Glück zu empfinden, wenn wir sie bewältigt haben. Oftmals schätzen wir diese zu gering, denn die Hürden, die man dabei überwinden muss, kommen meistens nicht von außen, sondern stecken in einem selbst. Selbstzweifel ist so eine Hürde, die ziemlich hoch sein kann. Für viele Frauen ist es ein großer Schritt, wieder in den Beruf einzusteigen, wenn sie wegen ihrer Kinder einige Jahre ausgesetzt haben. Sie zweifeln an ihrer beruflichen Kompetenz und vergessen dabei, dass sie in den Jahren der Familienphase ganz andere Schwierigkeiten gemeistert haben. Auf dem Gebiet des Multitasking, der Krisenintervention und des Organisationsmanagements kann es keiner so leicht mit einer Mutter aufnehmen.

Herausforderungen sind Aufgaben, die das Leben an uns stellt. Sie dienen dazu, unsere Grenzen zu erweitern. Dabei ist es normal, dass Herausforderungen Unbehagen oder sogar Ängste in uns auslösen. Davon sollten wir uns nicht verunsichern lassen. Ein Rückblick auf unser Leben zeigt, wie viele Hürden wir bereits bewältigt haben. Als wir vor ihnen standen, wirkten sie so groß und hinterher so klein. Was war das für eine Sache, als wir laufen lernten! Wie oft sind wir dabei auf die Nase gefallen. Doch am Ende konnten wir laufen. Wie groß Herausforderungen sind, ist eine Sache der Perspektive. Oft sind sie wie Scheinriesen. In der Geschichte von Michael Ende begegnen Jim Knopf und Lukas, der Lokomotivführer, einem Riesen, der schon von der Ferne durch seine Größe furchteinflößend aussieht. Doch je näher er kam, umso kleiner wurde er, bis er schließlich so groß war wie ein ganz normaler Mensch. Wären die beiden Helden aus

Angst vor dem Riesen weglaufen und hätten sich auch noch umgedreht, dann hätte er noch gigantischer ausgesehen. Eine Herausforderung ist selten so groß und bedrohlich, wie sie aussieht. Läuft man aber vor ihr weg, wird die Angst noch größer und die Aufgabe ist noch schwerer zu bewältigen. Wenn man sich aber einer schwierigen Aufgabe schrittweise nähert, stellt man fest, dass man irgendwann mit ihr auf Augenhöhe ist.

Was für den einen eine Herausforderung ist, ist für den anderen vielleicht eine Leichtigkeit. Ein Mathematikwissenschaftler bekommt vielleicht Angstschweiß bei der Vorstellung, auf einer Party Smalltalk machen zu müssen, für eine spielplatzerprobte Mutter ist es jedoch ein Kinderspiel. Herausforderungen sind für jeden etwas anderes. Für die 20jährige Laura bestand sie darin, einen Gottesdienst vorzubereiten: »Ich leite eine Jugendgruppe, mit der wir viel zu organisieren haben. Dieses Jahr war ich zum ersten Mal allein für einen Gottesdienst verantwortlich. Ich musste ein Thema finden und dazu einige passende Texte und Lieder aussuchen. Außerdem musste ich noch einige Personen für einen Chor und die Musiker für die musikalische Umrahmung finden. Das empfand ich als große Herausforderung, um der sehr katholischen Einstellung der Leute in unserem Dorf gerecht zu werden. Also habe ich mir viel Mühe gegeben. Die Planung und das mit den Leuten lief eigentlich ganz gut. Dann war es soweit und der Gottesdienst begann. Ich war sehr aufgeregt und hoffte, dass alles gut gehen würde. Und als es dann vorbei war und wirklich alles gut geklappt hat, war ich sehr glücklich, vor allem aber auch, weil einige Leute zu mir kamen und gemeint haben, dass es ihnen sehr gut gefallen hat, auch deshalb, weil sich jemand getraut hatte, mal was Moderneres in der Kirche zu machen. Vor allem meine Eltern waren sehr stolz auf mich und das hat mich glücklich gemacht.«

Es ist schön, Anerkennung für seinen Erfolg zu erhalten. Noch schöner ist es, wenn andere sich mitfreuen. Wenn man aber sein ganzes Leben auf Karriere ausgerichtet hat, dann kann es sein, dass man an der Spitze angekommen ist und niemand mehr zum Mitfreuen da ist, weil die Freunde unterwegs irgendwann abhanden gekommen sind. Dieses Karrieremodell ist eher ein männliches und für Frauen kein erstrebenswertes Vorbild. Für die meisten Frauen, die nach Erfolg streben, sind auch noch andere Dinge wichtig, wie die kanadische Entwicklungspsychologin Susan Pinker in ihren Forschungen zeigt. Erfolg ja, aber nicht um jeden Preis. Für Familie, Freunde oder Hobbys muss immer noch Zeit sein. Es wäre ein Gewinn für alle, auch für Männer, wenn das weibliche Karrieremodell in unserer Gesellschaft mehr integriert werden würde.

Um Erfolg zu genießen, kommt es nicht darauf an, wie groß er ist, sondern mit wem man sein Glück teilen kann. Die Haltbarkeitsdauer unseres Glücksgefühls ist länger, wenn wir Menschen, die uns wichtig sind, davon erzählen können. Wenn man von seinem Glückserlebnis erzählt, werden die positiven Gefühle wieder lebendig. Das bestätigte auch unsere Studie. Die Teilnehmer sagten, dass sie sich im Moment des Erzählens glücklich fühlten, weil sie sich an das Erlebnis erinnern würden. Das zeigt auch das

Glückserlebnis von Nathalie, einer 19jährigen Friseurin: »Als ich meinen Führerschein bestanden habe, war ich sehr froh. Ich habe mich richtig gefreut und habe gleich meine Mama angerufen und meinen Papa, obwohl der auf der Arbeit war, und dann noch meine Oma und meinen Freund. Der Andi konnte es gar nicht glauben. Wenn ich gute Noten schreibe, freue ich mich auch. Es ist schön, wenn ich das zu Hause erzählen kann. Als ich noch zur Hauswirtschaftsschule gegangen bin, habe ich oft gekocht, weil ich früher als meine Mama zu Hause war. Wenn es meinen Eltern dann gut geschmeckt hat, und sie es mir auch gesagt haben, war das auch immer toll. Ich freue mich ganz besonders, wenn ich einer Kundin Strähnchen gemacht habe und das gelungen ist. Ich weiß ja, wie sie vorher ausgesehen hat und dass ich es war, die ihr Aussehen so verändert hat. Noch schöner ist es für mich, wenn die Chefin mich dann lobt, das tut sie nämlich selten.«

Lob und Anerkennung beflügeln uns und spornen uns an. Davon können wir nicht genug haben. Dabei vergessen wir oft, wie wichtig dies nicht nur für uns, sondern auch für andere ist. Beim Austeilen von Komplimenten sind wir meistens äußerst sparsam. Aber wenn wir großzügig ehrlich gemeinte Komplimente austeilen, macht das genauso glücklich, wie wenn man Komplimente erhält. Man fühlt sich gleich als ein besserer Mensch, weil man einen anderen glücklich gemacht hat.

Erfolge, die glücklich machen, gibt es im Alltag genug. Nicht nur die beruflichen. Diese werden für unser Glücksempfinden maßlos überschätzt. Am Ende des Lebens spielen sie kaum eine Rolle. Der Palliativmediziner Gian Domenico Borasio, Professor an der Universität Lausanne, betont: »Erst im Angesicht des Todes erkennen viele, worauf es wirklich ankommt, und in den seltensten Fällen waren das dann berufliche Erfolge.«[4]

Die hier vorgestellten Glückserlebnisse haben gezeigt, wie vielfältig Erfolgserlebnisse sind. Frauen erleben Glück, wenn ihnen etwas gelingt. Wichtig ist, aus dieser Erfahrung zu lernen. Wir müssen nicht nach den ganz großen Erfolgen streben. Sie würden uns nicht glücklicher machen. Viel wichtiger ist, einen alltagstauglichen Maßstab für Erfolg anzulegen und sich an diesen Erfolgserlebnissen zu freuen.

»Man ist vielleicht nicht so toll, wie man sein möchte, aber auch nicht so schlecht, wie man sein könnte.«

Luise Kinseher (geb. 1969), Kabarettistin und Schauspielerin

Als Luise Kinseher mir die Tür zu ihrer Wohnung über den Dächern von München öffnet, bin ich fast überrascht, dass sie alleine vor mir steht. Beinahe hätte ich gefragt, wo denn Gitti Lachner, Frau Rösch und Frau Frese sind. In ihrem Kabarettprogramm spielt sie diese drei grundverschiedenen Frauen so überzeugend und wechselt so schnell zwischen den unterschiedlichen Charakteren, dass man sie kaum alle in der einen Person Luise Kinseher vermutet. Aber das sind nicht ihre einzigen Rollen. In der sehr erfolgreichen Fernsehserie *München 7* spielt sie die Hauptkommissarin Thekla Eichenseer. Als Chefin einiger sehr eigenwilligen bayerischen Polizisten, die es mit den Vorschriften nicht so genau nehmen, ist die Mitarbeiterführung ihre größte Herausforderung. Und in der Rolle der Bavaria verkörpert sie die bayerische »Urmutter«, die den Politikerinnen und Politikern beim Starkbierfest auf dem Nockherberg in München alljährlich schonungslos die Leviten liest – als erste Frau. Denn bis dahin war es männlichen Kabarettisten vorbehalten, als Bruder Barnabas in Mönchskutte die Fastenpredigt zu halten. Doch auch Luise Kinseher nimmt kein Blatt vor den Mund, wenn sie den »ausgschamten Zocker« Horst Seehofer oder die »Bauern-Lollobrigida« Ilse Aigner ermahnt. Zu diesem politischen Höhepunkt des Jahres erscheinen die bayerischen Politiker und Politikerinnen aller Parteien nahezu vollzählig. Spätestens seit ihrer Rolle als Bavaria kennt Luise Kinseher jeder in Bayern, denn das politische Derblecken ist ein Medienspektakel.

Welchen Einfluss hat Erfolg auf das Glückserleben? Das wollte ich von Luise Kinseher wissen, die nicht nur beruflich erfolgreich ist, sondern auch ein Kabarettprogramm mit dem Titel Glück & Co geschrieben hat.

Ob Erfolg glücklich macht? Das ist eine sehr interessante Frage, weil sie mich gerade selbst beschäftigt. Beruflich mach ich das, was mich total erfüllt und was mir am meisten Spaß macht im Leben. Ich bin glücklich, dass ich diesen Beruf ausüben darf. Deshalb fällt's mir nicht schwer, sehr viel zu arbeiten. Aber das kann auch auf Kosten der Gesundheit gehen. Und auf Kosten der Beziehungen. Als ich zum ersten Mal die Fastenpredigt auf dem Nockherberg gemacht hab, war das ja neben meinem normalen Kabarettprogramm. Ich hatte meine Auftritte und musste mich gleichzeitig auf die Fastenpredigt vorbereiten. Das war ein ziemlicher Druck. Dazu kamen dann noch die ganzen Interviews und das Fernsehen, das immer irgendwas drehen wollte. Und nach dem Nockherberg bin ich gleich wieder auf Tour gegangen. Man kann ja nicht absagen: Frau Kinseher muss sich erholen, deshalb kommt's heut nicht. Das ist dann saublöd. Deshalb hab ich weitergemacht, ohne freies Wochenende und ohne Urlaub. Bis es dann nimmer ging. Ich hab wahnsinnig Kopfweh gekriegt und einen irrsinnig hohen Blutdruck, Stresssymptome einfach. Im Krankenhaus haben sie mich dann erst mal da behalten. Danach hab ich einen Gang runtergeschaltet und dann ging's wieder. Ich hab damals gemerkt, wie wichtig es ist, seine Grenzen zu kennen. Erfolg ist schön, aber nicht um jeden Preis. Das ist der Erfolg nicht wert, wenn man keine Freunde mehr trifft und keine Zeit für die Familie hat, oder für sich selbst. Ich hab schnell begriffen, dass das auf Dauer nicht glücklich macht. Wenn ich kreativ sein will, dann brauche ich Zeit, um zur Ruhe zu kommen. Ich muss eine Ausgewogenheit zwischen Arbeit und freier Zeit finden. Und Nein sagen können: Naa, des mach i jetzt ned. Und dann muss ich mich fragen: Was ist mir wichtig im Leben? Und mir ist halt wichtig, immer wieder die Ruhe zu finden. Und Zeit für meine Freunde und meine Familie zu haben.

Klar macht Erfolg glücklich. Man hat was erreicht. Man kann dankbar sein. Man kann stolz auf sich sein.

*Aber es gibt so viele Erfolgserlebnisse. Nicht nur die gro-
ßen Erfolge zählen, auch die kleinen. Damit fing es bei
mir an. Für mich ist es toll, dass ich überhaupt zu dem Beruf als Kabarettistin gefunden habe. Ich wollte schon immer gerne auf der Bühne stehen, aber das hätt' ich mir
nicht zugetraut. Deshalb hab ich Germanistik und Theaterwissenschaft studiert. Aber meine beste Freundin und
ein Theaterverleger, bei dem ich gearbeitet hab, haben
immer zu mir gesagt: Du gehörst auf die Bühne. Eines Tages hat meine Freundin einen Zeitungsausschnitt ange-
bracht: Eine kleine Bühne in Straubing suchte eine Kabarettistin. Der Theaterverleger hat mich gedrängt: »Das
machst jetzt. Da meldest Du Dich an.« Und das hab ich
dann gemacht. Es war mein erstes Bühnenerlebnis. Das
werd ich nie vergessen. Nach meinem Auftritt, als ich auf
der Bühne stand und alle klatschten und als ich mich ver-
beugte, da war das, wie ... ja ... wie fliegen. Ein euphorischer Zustand. Ich wusste: Das ist es, was ich machen will.
Aber ohne die Initiative des Theaterverlegers wäre es
wohl bei dem einen Auftritt geblieben. Er hat nämlich die
Videoaufnahme von meinem Auftritt zur Iberl-Bühne in
München geschickt. Und die haben mich sofort engagiert.
Damit fing es an. Auf dieser Bühne hab ich das komische
Fach gelernt; danach wollte ich als Kabarettistin arbeiten.
Ich hab etwas Geld als Rücklage gehabt, das ich mit einer
Rolle beim Tatort verdient hatte. Dadurch hatte ich die fi-
nanzielle Freiheit, mein erstes Bühnenstück zu schreiben.
Das war aber nicht einfach. Es war für mich eine absolute
Qual, als ich angefangen habe, Stücke zu schreiben. Ich
habe unglaubliche Widerstände in mir gespürt und ganz*

69

große Selbstzweifel: Ich kann es eh nicht. Wie komme ich dazu, mir einzubilden, ich könnte das. Erst mit der Zeit habe ich kapiert, dass ich diese Zweifel nicht haben muss, dass ich diesen Beruf ausüben darf. Und dann habe ich es einfach fließen lassen. Plötzlich ist es leichter und einfacher geworden. Aber bis dahin waren es schon harte Zeiten, gegen diese Widerstände in mir zu arbeiten. Auf der anderen Seite hab ich dabei auch viel gelernt. Dadurch, dass man nie zufrieden mit sich ist, hört man halt nicht auf, an sich zu arbeiten und zu lernen. Zu dem Beruf gehört ja nicht nur Kreativität, sondern auch Handwerk und Erfahrung. Und so hab ich mich von Programm zu Programm verbessert. Und dabei bin ich ruhiger geworden, unaufgeregter.

Am Anfang bin ich schon die Ochsentour gefahren. Es war jahrelang härtestes Geschäft für mich. Ich bin alleine über die Dörfer getingelt und hab auf irgendwelchen Bühnen gespielt, wo gerade mal zehn, fünfzehn Leute da waren, die nicht wirklich gelacht haben. Also, das waren echte Durststrecken. Da bin ich manchmal in der Garderobe gesessen und hab geheult und hab mich gefragt: Was machst du falsch? In der Kabarettszene hatte ich die ersten Erfolge – ich habe das Scharfrichterbeil bekommen, den ersten Preis sogar –, aber beim Publikum war ich noch unbekannt. Ich wollte trotzdem unbedingt Kabarett machen und dann war es auch wurscht, wenn nicht so viele Leute da saßen. Immerhin, man hat gespielt! Und so habe ich mich halt durchgekämpft.

Heute bin ich viel gelassener und professioneller. Es kommt schon mal vor, dass einer in der ersten Reihe sitzt und schläft. Aber wer weiß, was er für einen Tag gehabt hat. Vielleicht hat ihn auch seine Frau gezwungen mitzukommen. Jetzt schläft er halt. Solange er nicht schnarcht. Wenn mal der Funke nicht so überspringt, ist es mir trotzdem wichtig, dass ich bis zum Schluss nicht aufgebe. Die Leute haben schließlich Eintritt gezahlt. Ich denk dann nicht: Ihr könnt mich mal, ich nudel jetzt mein Programm runter, kassier meine Gage und fahr wieder heim. Nein, dann geb ich noch mal richtig Gas und sag mir: Warts nur, jetzt hol ich mir Euch. Oft ist es auch nur die eigene Wahrnehmung, die täuscht. Manchmal lachen die Leute eben nicht so laut, aber sie sind konzentriert und amüsieren sich trotzdem.

Nach meinem Programm Glück & Co ging's dann aufwärts. Das Fernsehen ist auch noch dazu gekommen. München 7 war ja so erfolgreich, dass neue Folgen produziert wurden. Die Dreharbeiten haben mir viel Spaß gemacht, weil der Franz Xaver Bogner einfach ein toller Regisseur ist und weil es schöne Geschichten sind. Aber der Alltag beim Drehen ist ja, dass man viel rumsteht und wartet, bis man dran ist. Mit dem Theater kann man das nicht vergleichen. Ich stehe sehr gern auf der Bühne. Da wollt ich immer hin, und als ich dann dort war, wollt ich auch nicht mehr runter. Auf der Bühne bin ich glücklich. Und auch, wenn ich mein Kabarettprogramm schreibe. Wenn's so richtig fließt, dann bin ich ganz bei mir.

Lampenfieber hab ich selten. Das braucht man nicht zu haben, wenn man zu sich selber steht und zu dem, was man kann. Lampenfieber ist eigentlich eine sehr eitle Sache. Man ist vielleicht nicht so toll, wie man sein möchte, aber auch nicht so schlecht, wie man sein könnte. Man ist halt so wie man ist. Das Wichtigste ist, wie ein Schauspieler mal gesagt hat: Hauptsach s'Hosentürl ist zu, bevor man auf die Bühne geht.

Wenn mir eine Vorstellung gut gelingt und die Leute klatschen und sind glücklich, dann bin ich auch glücklich. Dann bin ich zufrieden mit der Arbeit und bin dankbar. Aber ich kann auch danke sagen, wenn es mir nicht gut gelungen ist, weil ich dann etwas draus lernen und überlegen kann, wie ich's besser mache. Wichtig ist für mich, dass ich immer wieder in die Ruhe finde. Dann spür ich das Glück und wofür ich dankbar sein kann. Es ist ja so viel da. Man muss es nur sehen. Wichtiger als der Erfolg ist für mein Glück die Dankbarkeit. Das ist der eigentliche Schlüssel zum Glück.

Ist das noch Arbeit oder ist das schon Entspannung?

»Ich freue mich total darüber, dass ich einen tollen Auftrag bekommen habe. Das macht mich glücklich, weil ich so das ganze Jahr was zu tun habe.«

Silke, 23 Jahre, selbstständige Eventmanagerin

»Glück ist, wenn man ein Zuhause hat, eine sinnvolle Aufgabe, wenn man Katzen hat und das erreicht, was man möchte.«

Alexandra, 21 Jahre, Studentin

»Mein letzter glücklicher Moment: drei Wochen im Urlaub auf Norderney und nach langer Zeit wieder im Meer zu schwimmen.«

Regina, 56 Jahre, Sekretärin

Wenn frühmorgens der Wecker schrillt und man ins Büro zu seinem Schreibtisch hetzt, auf dem ein Stapel unerledigter Aufgaben wartet, die man aber nicht erledigen kann, weil ständig das Telefon klingelt, dann denkt man, dass nichts schöner sein kann als das Nichtstun. Das muss die Antwort auf alle Glücksfragen sein. Doch Nichtstun können wir nur im Kontrast genießen, wenn wir eine Arbeit und eine Struktur im Tagesablauf haben.

Für Kinder sind Ferien die schönste Zeit im Jahr. Aber

ohne Schule gäbe es keine Ferien und ohne Arbeit keinen Urlaub. Arbeitslose haben viel Zeit, aber Urlaubsgefühle kommen dabei bestimmt nicht auf – im Gegenteil: Arbeitslosigkeit gehört zu den größten Glückskillern überhaupt. Es fehlt das Gefühl, gebraucht zu werden, seine Fähigkeiten einbringen zu können und am sozialen Leben teilzunehmen. Wie wichtig Arbeit für das Glück ist, erzählt Tatjana, eine 28jährige Russin, die in Sibirien lebt: »Glück bedeutet für mich, zufrieden mit sich selbst und dem Leben zu sein. Ich bin auch glücklich, wenn ich mir was Neues kaufen kann. Zum Beispiel habe ich mir vor einer Woche eine neue Tasche gekauft. Vor einigen Jahren wäre das problematisch gewesen. Ich habe Geografie und Biologie an einer Pädagogischen Universität studiert. Nach fünf Jahren Studium konnte ich keine Arbeit finden und war drei bis vier Jahre lang arbeitslos zu Hause. Das war sehr deprimierend. Damals war ich voll von meinen Eltern abhängig und ich war wirklich unglücklich. Vor einem Jahr habe ich eine Arbeit als Kassiererin in einem Drogeriegeschäft gefunden. Ich verdiene nicht viel, aber ich bin beschäftigt, und das ist für mich Glück. Jetzt ist das Gefühl nicht mehr frisch, aber ich kann mich noch erinnern, dass ich damals vor einem Jahr echt glücklich war. Ich habe jetzt Lust auf das Leben bekommen, ich habe wieder Kontakt zu einer alten Schulfreundin aufgenommen und wir gehen zusammen ins Schwimmbad. Momentan bin ich froh, dass ich ausschlafen kann; ich arbeite wochenweise: eine Woche Vollzeit und dann habe ich die ganze Woche frei. Jetzt genieße ich meine freie Zeit.«

Tatjana hat durch die Arbeit wieder Auftrieb bekommen, obwohl sie als Lehrerin für die Arbeit an der Kasse eigentlich überqualifiziert ist. Wichtig ist, überhaupt tätig zu sein und dadurch wieder Freude am Leben zu bekommen. In Zeiten der Arbeitslosigkeit ist es deshalb sinnvoll, neben der Suche nach einer Stelle etwas zu tun, das uns herausfordert oder einfach nur Spaß macht: den antiken Tisch restaurieren, die Fotos am Computer zu einem Fotobuch gestalten oder sich ehrenamtlich bei der Schülernachhilfe engagieren. Dadurch reduzieren wir uns nicht nur auf unsere beruflichen Kompetenzen, sondern entdecken ganz neue Fähigkeiten in uns. Bei ehrenamtlichen Aufgaben spüren wir, wie sehr wir gebraucht werden. Das tut dem angekratzten Selbstbewusstsein gut und gibt neue Energie.

Die Arbeitslosigkeit ist eine große Herausforderung für das Glück, aber wie schon erwähnt sind Krisen auch Chancen. Es sind schon viele erfolgreiche Geschäftsmodelle aus der Arbeitslosigkeit heraus entstanden. Manche verwirklichen ihren langgehegten Lebenstraum. Sie eröffnen ein Frühstücks-Café. Oder sie schreiben ein Buch. Joanne K. Rowling, die erfolgreichste Autorin unserer Zeit, verwirklichte ihre Roman-Idee, während sie arbeitslos war und schrieb *Harry Potter*.

Im Tun entsteht ein besonderes Glück, ein Gefühl, das der amerikanische Glücksforscher Mihaly Csikszentmihalyi – der Mann mit dem unaussprechlichen Namen – als *Flow* bezeichnet hat. Es ist ein Gefühl, das bei einer Tätigkeit entsteht, die uns herausfordert, aber nicht überfordert. Ist die Aufgabe zu leicht, langweilen wir uns, ist sie zu schwer, entstehen Versagensängste. Ein besonderes

Merkmal dieses Gefühls ist, dass man ganz in sein Tun vertieft ist und jedes Zeitgefühl verliert.

Sein Können einzubringen macht glücklich. Das erzählt auch Indira, eine 28jährige Zahnärztin aus Indien: »Die letzten vier Wochen waren die glücklichsten Wochen für mich, weil ich einen Job als Zahnärztin gefunden und eine Arbeitserlaubnis bekommen habe. Der Job ist super, die Chefin ist sehr nett. Also diese ganz normale Routine, jeden Tag aufzustehen, einen Mann zu haben, der immer zu mir steht und mich akzeptiert, so wie ich bin, das bedeutet Glück für mich. Am Wochenende habe ich an der Volkshochschule einen Kochkurs gegeben. Ich habe zehn Menschen gezeigt, wie man Indisch kocht. Es hat sehr viel Spaß gemacht und eine andere Schule hat mich für nächsten Monat gebucht. Das ist für mich Glück.«

Bei welcher Tätigkeit man sein Glück findet, ist sehr unterschiedlich. Das kann im Beruf sein oder bei seinem Hobby. Man schränkt aber seine Glückschancen ziemlich ein, wenn man nur solchen Tätigkeiten nachstrebt, die viele Menschen – beeinflusst von der Werbung – als besonders glücksversprechend einstufen: Shoppen, Golfen, Cabriolet fahren oder Schokoladentorte essen. Manchmal erlebt man Glück, wo man es gar nicht vermutet. Es kommt sogar vor, dass man beim Putzen von Glücksgefühlen überrascht wird. Man hat schnelle Erfolgserlebnisse, und das ist eine gute Voraussetzung für einen Flow. Um Glück zu erleben, ist es nicht sehr hilfreich, ihm vorzuschreiben, wo es aufzutauchen hat.

Paula, eine 41jährige Erzieherin, nennt als Glückserlebnis – neben ihrer Tochter, ihrer Familie und ihren Freunden – ihre Arbeit: »Meine Arbeit macht mich auch glücklich. Zuerst einmal, dass ich überhaupt eine Arbeit habe, ich verdiene jeden Monat mein eigenes Geld. Dann: Ich habe lauter nette Kollegen, es sind auch gute Freunde darunter. Und die Personen, die ich betreue – geistig und körperlich schwerstbehinderte Erwachsene –, die sind für mich ebenfalls ein Glück. Mit einigen arbeite ich seit ungefähr 22 Jahren zusammen. Da haben sich enge Beziehungen entwickelt. Es ist nicht nur so, dass die Betreuten mich brauchen, auch ich stelle immer wieder fest, wie wichtig sie für mich sind. Ein Mann in meiner Gruppe weiß genau, wann es mir nicht gut geht und versteht es, ohne Worte Anteil zu nehmen und mich zu trösten. Dass dies mein Arbeitsalltag sein darf, das macht mich sehr glücklich. Ich merke es auch heute wieder. Morgen gehen zwei Wochen Urlaub zu Ende und ich freue mich auf den morgigen Tag. Schön. Ist nicht bei jedem so.«

Viele Glücksratgeber empfehlen, für eine gute Work-Life-Balance zu sorgen. Das hört sich sehr harmonisch an. Aber ist es das auch? Arbeit auf der einen Seite und Leben auf der anderen, also nach Dienstschluss? Wie im Mittelalter, als man das Leiden auf der Erde mit der Hoffnung auf ein paradiesisches Jenseits erduldet hat, setzen manche Berufstätigen ihre ganze Hoffnung auf das Wochenende, in dem das wahre, das glückliche Leben stattfinden soll, um sie von den Qualen der Arbeit zu entschädigen. Lebt man jedoch nur in seiner Freizeit, kann das Leben sehr kurz sein.

Was der irreführende Begriff Work-Life-Balance tatsächlich meint, ist ein ausgewogenes Verhältnis von Tätigsein und Entspannen. Arbeiten ohne Pause macht genauso unglücklich wie auf Dauer nichts zu tun. Es ist also nicht empfehlenswert, sich das ganze Jahr in seinem Beruf zu verausgaben und schließlich vier Wochen lang regungslos im Liegestuhl am Strand zu verharren, um sich zu erholen. Auch wenn wir den Urlaub als die schönste Zeit des Jahres in Erinnerung haben, ist es eine Täuschung des Gehirns. Wir vergessen den Kampf um den Liegestuhl, die Langeweile, den Sonnenbrand und das durchgelegene Hotelbett und erinnern uns an die Wellen im Meer, die Sonnenuntergänge und die netten Strandnachbarn aus dem Ruhrpott, die den Liegestuhl für uns freigehalten haben. Dennoch tragen diese täuschend echten Erinnerungen zu unserem Glück bei. Irene, eine 43jährige Verkäuferin, erzählt: »Ich war im letzten Urlaub mit einigen Freundinnen in Kroatien. Allein schon der Gedanke, die Erinnerung daran macht mich glücklich.« Es kommt also nicht so sehr auf das tatsächlich Erlebte an, auch die Erinnerungen sorgen für positive Gefühle. Eine gute Strategie für das Wohlbefinden ist also, sich im Leben mit vielen schönen Glückserinnerungen auszustatten. Wie realistisch sie sind, ist dabei zweitrangig.

Sinnvoller als das ganze Jahr über durchzuarbeiten ist, neben dem Beruf Zeiten für Entspannung zu finden. Das gelingt Frauen häufig besser als Männern. Wie die bereits erwähnte kanadische Entwicklungspsychologin Susan Pinker in ihren Untersuchungen festgestellt hat, verzichten Frauen eher auf eine Karriere, weil für ihre Lebensqualität nicht nur der Beruf, sondern auch andere Dinge wichtig sind: Familie, Freunde oder Hobbys. Schließlich haben sie viele Interessen, ob es nun Gartengestaltung, Motorradfahren, Stricken, Hühner züchten oder Klavierspielen ist. Oder wie Marion, eine 41jährige Erzieherin: »Wenn ich auf dem Flohmarkt ein besonders schönes Exemplar sehr günstig ergattere, dann macht mich das richtig glücklich. Ich habe mich riesig gefreut, als im Wertstoffhof altes, schmutziges Geschirr verschenkt wurde und ich ein total verschmutztes Ding mitnahm, das kaum als Kerzenständer zu identifizieren war vor lauter Dreck und Schmutz. Als ich es gereinigt hatte, war es ein wunderschöner, einzigartiger Designerkerzenständer. Toll! Hat heute noch einen Ehrenplatz.«

Bei Hobbys können wir Entspannung finden. Manchmal machen wir aber einen regelrechten Freizeitstress daraus. Wir gehen dreimal pro Woche ins Fitness-Studio, belegen einen italienischen Kochkurs, damit wir nicht immer nur Spaghetti essen müssen, sondern endlich mal Pasta kochen lernen und fahren am Wochenende zur Erholung aufs Land – wie viele Tausende andere auch. Wir sehnen uns nach Ruhe und Stille und flüchten gleichzeitig davor. Beim Autofahren läuft das Radio, in der Wohnung der Fernseher und beim Joggen sorgt der MP3-Player dafür, dass man nicht nur sein eigenes Keuchen hört. Nur mit sich alleine zu sein, ist heute nicht mehr so einfach. Aber gerade dabei kann man das Glück spüren. Nora, eine 23jährige Verkäuferin, erzählt: »Glücklich bin ich, wenn ich mal so rein gar nichts zu tun habe und wenn ich einfach mal ganz in Ruhe auf der Couch liegen kann, die Stille in meiner Wohnung genieße und mich um gar nichts kümmern muss. Diese Momente sind meistens sehr selten und deshalb genieße ich sie extrem, wenn sie mal eintreten. In dieser Zeit kann ich mir Gedanken über wichtige oder auch unwichtige Sachen machen und einfach mal ganz für mich alleine sein.«

Nichtstun gilt als unproduktiv. Aber in den Ruhepausen zwischen Arbeitsphasen entstehen die kreativsten Ideen. Manchmal kommen wir bei einer Aufgabe einfach nicht weiter und finden keine Lösung. Und dann, beim Spaziergang oder in der Badewanne, kommt uns die zündende Idee. Vielleicht war sie schon die ganze Zeit da, konnte sich aber erst bemerkbar machen, als die vielen anderen Reize ausgeschaltet waren.

Zu Hause ist es für viele schwierig, Ruhe und Stille zu finden. Viele suchen Entspannung im reichhaltigen Wellness-Angebot. Allerdings kann die unüberschaubare Auswahl an Aroma-Bädern, Duft-Saunen und Entspannungsmassagen auch wieder in Stress ausarten. Überarbeitete Manager ziehen sich deshalb gerne für einige Zeit ins Schweigekloster zurück. Nichts reden zu müssen ist für Männer oft die höchste Form der Entspannung. Frauen hingegen brauchen kein Schweigekloster. Manchmal reicht ihnen schon eine Katze, um zur Ruhe zu kommen, so wie Janina, eine 20jährige Studentin: »Wenn ich einfach auf der Couch herumliegen kann und mein Kater da ist, mit dem ich schmuse und den ich streicheln kann, da fühl ich mich glücklich.«

Wir entspannen uns einfach schon dadurch, wenn wir keine Termine und Verpflichtungen haben. Regina, eine 56jährige Sekretärin, erzählt: »Glück ist für mich, wenn ich frei über meinen Tag entscheiden kann – lange ausschlafen, gemütlich frühstücken, Zeitung lesen und meine

Lieblingsmusik hören. Danach setze ich mich auf mein Rad und fahre ohne Ziel durch die Gegend. Und ich genieße es, ein Glas Rotwein zu trinken.«

Entspannung, die einen kleinen Glücksmoment im Alltag auslöst, kann auch ganz anders aussehen. Nadja, eine 27jährige Bürokauffrau, erzählt: »Das letzte Mal war ich glücklich, als ich meine superengen Stiefel ausgezogen habe.«

»Ich habe meine Leidenschaft für Filme und Bücher zum Beruf gemacht.«

Brigitte (geb. 1958), Wissenschaftlerin und Geschäftsführerin

Brigitte ist Wissenschaftlerin, Dozentin und Geschäftsführerin am Institut für Populäre Kulturen an der Universität Zürich. Die warmherzige Schweizerin forscht und lehrt über Literatur und Filme, die von den Feuilletons meistens ignoriert werden, sich aber dennoch großer Beliebtheit erfreuen. Beruflich liest sie Science-Fiction, Western, Krimis und Liebesromane. Oder sie sieht sich Thriller, Soap-Operas, Bollywood-Filme und Reality-TV an. Während wissenschaftliche Arbeiten oft einen Titel haben, den außerhalb von Fachkreisen niemand versteht, hört sich ihre Doktorarbeit an wie ein Krimi: *Verhandlungen mit Mordsfrauen*. Es ist zwar keiner, aber in dieser Arbeit geht es um Krimis, genauer gesagt um den Frauenkrimi. Die Mordsfrauen, das sind Kommissarinnen, Forensikerinnen, Privatdetektivinnen oder Täterinnen. Wie eine Detektivin forschte Brigitte über diese starken Frauen und ihren Erfolg bei den Leserinnen und Lesern. Im Gegensatz zum Kriminalroman, in dem der Fall schnell gelöst ist, dauert eine Doktorarbeit einige Jahre, wenn man sie gründlich und ohne fremde Hilfe anfertigt. Es braucht einen langen Atem oder eine besondere Faszination für das Thema. Bei Brigitte ist beides vorhanden. Sie hat ihre Leidenschaft fürs Lesen zum Beruf gemacht. Ihr Arbeitsplatz befindet sich nicht nur an der Universität, sondern auch zu Hause, dem anzusehen ist, wie sehr bei Brigitte Arbeit und Vergnügen zusammenhängen. In ihrer hellen, sehr geschmackvoll eingerichteten Altbauwohnung mit gemütlichen Sitzecken stehen volle Bücherregale bis zur Decke. Von ihrem Schreibtisch am Fenster hat sie einen weiten Blick über Zürich. Man sieht sogar den See zwischen zwei Häusern hervorlugen. Mit ihrem warmen Schweizer Akzent erzählt die Wissenschaftlerin vom Glück des Tätigseins und der Entspannung.

Mein Beruf ist ein wirkliches Glück für mich. Er macht mir sehr viel Spaß, weil er so vielseitig ist. Als Wissenschaftlerin kann ich lehren und forschen. Diese Kombination allein finde ich schon toll. Und dann kommt noch meine Arbeit als Geschäftsführerin hinzu, die vor allem in der Organisation und im Management des Instituts besteht. Es gefällt mir, dass ich in dieser Position Verantwortung habe und etwas bewegen kann. Deshalb engagiere ich mich in der Hochschulpolitik und sitze in verschiedenen Fachkommissionen. Ich bin gerne mit Leuten vernetzt. Nicht nur aus strategischen Gründen, sondern weil ich auch die Menschen dort mag. Ich finde es schön, wenn ich auf einer Tagung Kollegen und Kolleginnen treffe und neue Leute kennenlerne. Eigentlich bin ich ein Teamplayer, obwohl ich vieles alleine mache. Als Wissenschaftlerin kann man hinter Büchern und am Computer manchmal fast vereinsamen. Deshalb ist es mir wichtig, mit anderen zusammen zu sein und mich mit ihnen auszutauschen. Was mich wirklich glücklich macht, ist, wenn ich bei einem Kongress oder in einer Diskussion zu neuen Ideen und neuen Gedanken inspiriert werde. Das elektrisiert mich richtig. Oder wenn mir ein Thema zufliegt und ich denke: Da möchte ich mehr darüber wissen. Das ist spannend! Und dann mache ich daraus ein Seminar.

Mein Beruf und vor allem mein Arbeitsplatz tragen viel zu meiner Zufriedenheit bei. Die Situation an den Unis ist ja alles andere als entspannt. Es gibt dort heute kaum mehr Stellen für eine Wissenschaftlerin, erst recht keine unbefristeten. Für mich ist mein Arbeitsplatz deshalb ein großer Glücksfall. Ich mache in meiner Arbeit das, was ich schon immer gerne getan habe: Bücher lesen und Filme anschauen. Das habe ich schon als Kind geliebt. Dabei bin ich in andere Welten eingetaucht. Vielleicht bin ich auch dort hinein geflüchtet. Die Atmosphäre zu Hause war durch den Tod meiner Schwester manchmal gedrückt. Sie ist auf dem Heimweg vom Kindergarten überfahren worden. Das war, bevor ich geboren wurde. Aber die Lücke, die sie hinterlassen hat, war immer spürbar.

Ich habe viel Zeit bei meiner Großmutter verbracht. Sie war eine einfache, liebevolle Frau und hat eine große Zufriedenheit ausgestrahlt. Und außerdem hatte sie einen wunderschönen Garten. Bei ihr habe ich mich immer sehr wohlgefühlt. Dort konnte ich in aller Ruhe lesen. Meistens habe ich das gelesen, was ich bei ihr gefunden habe, Heftchenromane und so, also keine besonders anspruchsvolle Literatur. Als das Fernsehen aufkam, habe ich Raumschiff Enterprise angeschaut. Ich fand es toll, mit Mr. Spock und seiner Crew durch die Galaxien zu reisen.

Obwohl ich schon immer Bücher und Filme liebte, habe ich diese Leidenschaft erst später zu meinem Beruf gemacht. Nach der Matura wollte ich möglichst schnell ins Berufsleben einsteigen und unabhängig sein. Primarlehrerin ist ein schöner Beruf, fand ich: Das Musische gehört dazu, Deutsch, Mathematik, Geschichten erzählen und mit Kindern basteln. Und so habe ich die Ausbildung gemacht. Und es war wirklich ein Beruf, an dem ich Freude hatte. Über meine Arbeit als Lehrerin habe ich auch meinen Lebensgefährten Peter kennengelernt. Er hat für eine Zeitung über ein Indianer-Projekt geschrieben, das ich mit meiner Klasse gemacht habe. Es hat mich beeindruckt, wie einfühlsam er mit den Kindern umging. Inzwischen sind wir fast 30 Jahre zusammen.

Obwohl ich mich in meinem Beruf wohlfühlte, habe ich gedacht: Bis zur Rente möchte ich das aber nicht machen. Es muss noch etwas Neues kommen. Und so habe ich mit 32 Jahren angefangen, Germanistik, Europäische Volksliteratur und Filmwissenschaft zu studieren. Gleichzeitig habe ich an der Schule noch Unterrichtsvertretungen gemacht und mir damit mein Studium finanziert. Es war dadurch ein sanfter Wechsel für mich, der mir den Abschied von der Schule erleichterte.

Meine Entscheidung, den Beruf zu wechseln und noch mal zu studieren, habe ich nie bereut. Ich arbeite wirklich gerne. Das Schöne ist, dass es Peter genauso geht. Und weil er einen ähnlichen Beruf hat, haben wir auch eine geistige Verbundenheit. Er bildet als Germanist, Publizist und Linguist Journalisten aus und arbeitet deshalb ebenfalls mit Texten. Wir können uns wunderbar austauschen und Rat voneinander holen. Das Private und Berufliche überschneidet sich bei uns sehr, auch deshalb, weil wir viel zu Hause arbeiten. Das genieße ich sehr. Wir verbringen zwar viel Zeit mit unserer Arbeit, aber wir reden auch viel darüber. Eigentlich jeden Tag, selbst wenn ich erst um Mitternacht nach Hause komme.

Oft haben wir auch am Wochenende zu tun. Dann sitzen wir an unseren Schreibtischen. Zwischendurch essen wir gemeinsam, gehen spazieren oder trinken zusammen Kaffee auf unserem eingewachsenen Balkon. Im Sommer gehe ich auch zum Schwimmen an den See runter. Und abends sehen wir uns manchmal bei einem guten Glas Wein Krimis an und diskutieren darüber. Ich kann gar nicht genau sagen, ob das zur Freizeit oder zur Arbeit gehört. Wahrscheinlich zu beidem. Bei uns geht das eine in das andere über.

Was ich aber definitiv der Entspannung zuordnen würde – weil es mit meinem Beruf gar nichts zu tun hat –, ist die Musik. Seit 28 Jahren spiele ich Saxophon in einer Jazzband: Rock, Pop und Jazzmusik. Es ist für mich zwar immer wieder Stress, nach der Arbeit noch zur Probe zu gehen, aber wenn ich dann dort bin, hat es auch etwas Wohltuendes. Wenn wir Stücke spielen, die so schön grooven sind das schon auch Glücksmomente.

Eigene Kinder zu haben, war für mein Glück nicht wichtig, obwohl ich Kinder gerne mag. Ich war immer von Kindern umgeben: in meinem Beruf als Lehrerin und auch als Patin und Tante. Zu meinen Nichten und Neffen habe ich eine enge Beziehung. Und dennoch: Peter und ich haben uns für ein Leben ohne Kinder entschieden. Ich hatte nie einen Kinderwunsch verspürt. Das Leben wäre sicher auf eine ganz andere Weise bereichernd gewesen, als wir das jetzt haben.

Ich bin zufrieden mit meinem Leben, wie es ist. Meine Beziehung zu Peter ist erfüllend und mein Beruf auch. Allerdings neige ich dazu, zu viel drinnen am Computer zu arbeiten. Jetzt, wo ich älter werde, merke ich, dass ich mehr auf meine Ressourcen achten muss. Ich brauche einfach mehr Zeit zur Regeneration. Und ich möchte auch mit Peter mehr Zeit verbringen. Wir versuchen uns bewusst Zeitinseln zu schaffen und sprechen unsere Termine besser ab: Wann geht es bei Dir, wann bei mir? Manchmal fahren wir zusammen weg, Marseille, Cornwall, wo es uns gefällt. Für Reisen möchten wir uns in Zukunft mehr Zeit nehmen. Ob uns das gelingt, weiß ich nicht. Die Herausforderungen im Beruf sind schon sehr verlockend. Und schließlich ist das auch etwas, das Peter und mich miteinander verbindet und unsere Partnerschaft bereichert. Beruf und Freizeit sind für uns nicht so leicht zu trennen. Vielleicht ist das auch genau das Schöne dran.

Liebe, Familie, Freundschaft

>»Glück ist für mich, wenn das Leben mich
überrascht. Am Donnerstag habe ich mich
verliebt.«
>
>Lisa, 23 Jahre, Studentin

>»Ich bin sehr glücklich mit meinem Mann,
schon 32 Jahre und ich habe es nie bereut!«
>
>Andrea, 52 Jahre, Bürokauffrau

>»Glück ist, wenn Papa hupend auf mich
zufährt, wenn ich am Flughafen nach dem
Urlaub auf ihn warte und er Tränen in den
Augen hat, wenn er mich in die Arme
schließt.«
>
>Anna, 21 Jahre, Studentin

Es gibt keine größere Glücksquelle als Familie und Freunde. Da sind sich alle Glückforscher einig. Der schweizerische Ökonom und Glücksforscher Bruno Frey sagte, dass Menschen immer wieder denselben Fehler machen. Sie unterschätzen das Glück, das ihnen Freundschaften bringen und überschätzen das Glück, das ihnen materielle Güter bringen.

Der Psychologe und Wirtschaftsnobelpreisträger David Kahneman antwortete auf die Frage, ob sich Glück steigern lässt: Ja, das sei möglich. Und zwar, indem man mehr

Zeit mit Freunden oder der Familie verbringt.[5] Daran würde man sich nie »gewöhnen«. Er selbst sei glücklich, wenn er mit seinen Enkelkindern zusammen sei.

In Freundschaften und Liebe erleben wir tiefes Glück, aber auch manches Leid. Enge menschliche Beziehungen machen besonders verletzlich. Und dennoch sind Beziehungen bereichernd, denn sie machen Sinn, weil Zusammenhänge entstehen. In unseren Glücksgeschichten nannten die Frauen, aber auch die Männer, Beziehungen am häufigsten als Glücksquelle: die Liebesbeziehung zu einem Partner, die Beziehung zur Familie oder zu Freundinnen und Freunden.

Am intensivsten ist das Glück zu spüren, wenn man verliebt ist. Sophie, eine 21jährige Studentin, schwärmt: »Ich bin soooo glücklich, weil ich seit einer Woche wieder verliebt bin!!! Wir verstehen uns so gut, dass ich das Gefühl habe, dass wir uns schon sehr lange kennen. Es ist so unglaublich schön!« In diesem Zustand sind wir felsenfest überzeugt, dass dieses Gefühl ewig andauern wird. Wir können uns nicht vorstellen, dass sich die Liebe für den anderen jemals ändern könnte. Das Gefühl der Verliebtheit ist jedoch ein Ausnahmezustand. Das wissen wir – aber nicht diejenigen, die sich gerade in diesem Zustand befinden. Früher oder später pendeln wir uns immer wieder auf unseren *Glücksfixpunkt* oder unseren *set-point* ein, wie die Glückforschung erklärt. Das ist unser normaler Gefühlszustand, in dem wir uns wohlfühlen.

Die Verliebtheit, so erklärt die Hirnforschung, sei ein biologischer Prozess, bei dem angesichts des Liebesobjekts Dopamin ausgeschüttet wird. Ähnlich wie bei Drogen lässt die Wirkung jedoch irgendwann nach. Der supertolle Hecht, den wir an der Angel zu haben glaubten, ist in Wirklichkeit ein ganz normaler, kleiner Fisch. Manche suchen deshalb den nächsten Dopaminschub und werfen die Angel erneut aus. Wenn man sich nicht irgendwann mit dem kleinen Fisch zufrieden gibt, wird es ein Angelspiel ohne Ende. Manche sind nicht in das Gegenüber verliebt, sondern in das berauschende Gefühl, das der andere auslöst.

Wir sind nicht auf Dauerglück programmiert. Und dennoch gibt es ein Glück, das Bestand haben kann. Verliebtheit dauert nur eine begrenzte Zeit, Liebe hingegen hält oft ein Leben lang an.

Im Fernsehen und im Kino wird Verliebtheit auf allen Kanälen zelebriert, sodass man den Eindruck bekommt, das sei der Normalzustand. Und da es naturgemäß zwischen dem lang verheirateten Ehepaar nicht mehr so prickelt, kommt in den Drehbüchern eine andere Frau oder ein anderer Mann ins Spiel. Eine ganz normale Ehe, in der aus Verliebtheit Liebe geworden ist, scheint den Filmemachern zu eintönig. Dem Publikum gefällt es aber. Der Kinofilm *Another Year* des britischen Regisseurs Mike Leigh war ein großer Erfolg, obwohl ihm alles fehlt, was die Kinokassen füllt. Die Hauptdarsteller sind weder jung, noch hübsch, noch erfolgreich und haben nicht mal ein aufregendes Leben vorzuweisen. Im Gegenteil: Gerri und Tom führen eine so harmonische Ehe, dass sie sich auch ohne Worte verstehen. Schweigend graben sie in ihrem Schrebergarten, pflanzen im Frühjahr Kartoffeln und pflücken im Sommer stolz die reifen Tomaten. Wenn es regnet, sitzen sie nebeneinander auf einer überdachten Bank, zufrieden lächelnd – schweigend – und schauen dem Unkraut beim Wachsen zu. In dieser Atmosphäre von Harmonie und Zufriedenheit fühlen sich auch die gestrandeten Freunde von Gerri und Tom wohl, die in ihrer Suche nach Glück nicht so erfolgreich sind. Sie sitzen in der gemütlichen Wohnküche bei einem liebevoll zubereiteten Abendessen und jammern ein wenig über ihr einsames Leben. Die Freunde suchen nach Glück, Gerri und Tom haben es gefunden. Sie haben ihren Glücksanspruch dem angepasst, was ihnen das Leben bietet, mit allen Begrenzungen. Sie streben nicht nach einem attraktiveren oder gesprächigeren Partner oder nach größerem beruflichem Erfolg. Sie streben nicht mal nach einem spannenderen Leben jenseits des Schrebergartens.

Es gibt wenige Filme und Zeitschriften, die uns positive Vorbilder für eine dauerhafte Ehe zeigen. Im Gegenteil: Wir werden mit unrealistischen Bildern überfrachtet, die unsere Erwartungen prägen.

Jede langjährige Beziehung besteht aus verschiedenen Phasen. Am Anfang einer Liebesbeziehung ist alles neu. Man macht sich viel Gedanken um den anderen und interessiert sich für ihn. Wer verliebt ist, lässt sich viel einfallen, um den anderen glücklich zu machen, denn es macht einen selbst glücklich. So erzählt Katina, eine 22jährige gebürtige Kroatin: »Ein ganz besonderes Glückserlebnis hatte ich letztes Neujahr. Mein Freund hat mich mit einer Reise nach Split ans Meer überrascht. Er hat meine Mutter alle meine Sachen packen lassen, mich ins Auto gelockt mit dem Vorwand, wir würden Verwandte besuchen. Und dann hat er mir auf der Fahrt eröffnet, dass es nach Split geht. Ich wäre am liebsten geplatzt vor Glück und Freude und Aufregung. Und als wir dann unten am Meer angekommen sind und romantisch zu zweit auf das Meer geschaut haben, da habe ich mich frei und überglücklich gefühlt wie schon lange nicht mehr.«

In einer Liebesbeziehung fühlt man sich glücklich, weil man spürt, dass man für den anderen einzigartig ist, so wie Emma, eine 21jährige Studentin: »Glück bedeutet für mich, einen Menschen um mich zu haben, der mich liebt, der mir das Gefühl gibt, etwas Besonderes zu sein. Mein Freund ist für mich das größte Glück, das es gibt.« Oder wie Melissa, eine 21jährige Studentin, die erzählt: »Ich bin leicht glücklich zu machen, zum Beispiel gestern, als ich einen tollen Haarreif bekommen habe und mein Freund mir sagte, dass ich aussehe wie eine Prinzessin.«

Ob aus Verliebtheit Liebe wird zeigt sich erst, wenn man Krisen gemeinsam meistert und die Liebe auch den Alltag mit schlechter Laune, Schnarchen und Haaren im Waschbecken übersteht. Die Liebe wird auf eine harte Probe gestellt, wenn ein Paar Kinder bekommt. Es ist eine Zeit, in der sich Partnerschaft bewährt, in der sich zeigt, ob man wirklich bereit ist, das ganz normale Chaos des Familienalltags miteinander zu teilen: durchwachte Nächte, ein Kleinkind, das die Wirkung seines Lieblingswortes »Nein« bis zum Exzess ausprobiert, Schulstress mit Versetzungsgefährdung, Katze mit Durchfall, pubertierende Teenager mit emotionalen Ausbrüchen, dazu noch Ehekrise und eine demente Schwiegermutter. Wenn man sich diesen Herausforderungen stellt, schweißt das ein Paar zusammen und stärkt die Zugehörigkeit zueinander. Die 50jährige Ulrike erzählt: »Richtig glücklich bin ich, wenn meine Familie – wir haben vier Kinder – zusammen Zeit verbringt und ich dabei spüre, dass wir eine feste Verbindung haben. Außerdem liebe ich Spaziergänge mit meinem Mann in der Natur, auch bei Regen.« Glück ist, wenn man die Zeit, die man als Paar miteinander verbringt, wertschätzt. Monika, eine 41jährige Patentanwaltsfachangestellte, sagt: »Ein kleines Glück ist für mich, wenn mein Mann von der Arbeit heimkommt.«

Zeit füreinander zu finden, ist für eine Ehe wichtig. Das gelingt zwischen Büro, Besprechungen, Badezimmer putzen und Wäsche waschen manchmal zu wenig. Spaziergänge scheinen ein Erfolgsrezept für eine langjährige Beziehung zu sein. Zumindest deuten unsere Glücksgeschichten darauf hin. Die 56jährige Lehrerin Maria erzählt: »Ich bin glücklich, wenn ich mit meinem Mann einen Waldspaziergang mache, weil wir da Gespräche führen, zu denen wir sonst nie kommen, weil jeder den ganzen Tag beschäftigt ist und man abends zu müde ist.« Bei einem Spaziergang ist man nicht vom alltäglichen Kleinkram abgelenkt, sondern ganz auf sich konzentriert. Auch die Natur, die ja ebenfalls eine Glücksquelle ist, wirkt sich belebend für die Seele aus und tut damit der Beziehung gut. Helga, eine 61jährige Absolventin der Theaterwissenschaft, erzählt: »Ein morgendlicher Spaziergang mit meinem Mann im Nymphenburger Park, wenn der Tau die Wiesen in schimmernden Samt hüllt und die ersten Sonnenstrahlen alles in ein unwirkliches Licht tauchen – einfach unbeschreiblich.« Ob Frauen empfänglicher für sinnliche Wahrnehmungen sind, ist schwer zu sagen. Der gemeinsame Spaziergang wird dennoch für beide zu einem Erlebnis, weil man das Naturerlebnis miteinander teilt. Und das Spazierengehen hat eine positive Seite für Männer: Im Nebeneinanderhergehen ist auch das Schweigen wohltuend. Es ist ganz anders als in einem Restaurant, wenn man sich gegenübersitzt. Dort fühlt sich längeres Schweigen immer irgendwie unangenehm an, vor allem, weil man nicht als Paar, das sich nichts mehr zu sagen hat, bedauert werden will.

Unser Glücksanspruch ist heute sehr hoch. Wir wollen das aufregende Gefühl der Verliebtheit und die Schmetterlinge im Bauch spüren. Gleichzeitig wünschen wir uns die innige Vertrautheit, die – bei guter Pflege – aber erst mit den Jahren entsteht. Junge Paare wünschen sich, miteinander alt zu werden, denn so glücklich wie man jetzt ist, möchte man immer sein. Die Glücksforschung hat gezeigt, dass unsere Zukunftsvorstellung davon bestimmt wird, wie wir uns in der Gegenwart fühlen. Wir sind miserabel im Vorhersagen unserer zukünftigen Gefühle. Würden wir Prognosen aus der Hand oder aus dem Kaffeesatz lesen, wären diese genauso treffsicher.

Die glücklich verheirateten Paare, die auf eine lange Ehe zurückblicken können, waren nicht immer glücklich. Sie haben Krisen erlebt und manchmal auch an Trennung gedacht. Eine langjährige Beziehung leben, bedeutet in größeren Dimensionen zu denken und nicht nur das momentane Wohlgefühl in den Mittelpunkt zu stellen. »Man sollte das Glück nicht zur Zielgröße seiner Ehe machen«, rät der Psychologe und Paartherapeut Arnold Retzer.[6] Der Anspruch, dass der andere für das eigene Glück verantwortlich ist, überfordert jede Ehe. Damit eine Liebe in eine dauerhafte Beziehung mündet, braucht man Glück. Aber man kann auch einiges dafür tun. Arnold Retzer hat in sieben Punkten zusammengefasst, was das »Wunder der Ehe« gelingen lässt. Als Erstes nennt er die Liebe. Dem kann noch jeder zustimmen. Doch Retzer versteht darunter nicht einfach ein Gefühl, sondern einen Kommunikationscode, eine gemeinsame Verständigungsbasis der Emotionen. Schwieriger wird es mit dem zweiten Punkt, den er als resignative Reife bezeichnet. Viele Probleme, die in einer Ehe auftauchen, sind unlösbar. Dauerhafte Beziehungen haben dauerhafte Konflikte. Das muss man einfach akzeptieren. Es kommt nicht so sehr darauf an, dass man diese löst, sondern wie man damit umgeht. Humor kann dabei sehr hilfreich sein. Als dritten Punkt nennt Retzer vergeben und vergessen. Dieses christliche Prinzip ist ein wahres Heilmittel für die Liebe. In einer Beziehung wird man verletzt. Ein Racheakt hilft dabei nicht weiter, ebenso wenig, wenn man Enttäuschungen in der Ehe mitschleppt oder seine Verletzungen kultiviert. Vergebung hingegen macht innerlich frei für einen Neuanfang. Der vierte Punkt, positive Illusionen, erstaunt etwas. Raten viele Paartherapeuten, den anderen zu sehen wie er wirklich ist, so empfiehlt Retzer die rosarote Brille aufzusetzen. Denn: Wie ist der andere tatsächlich? So wie er sich während der Verliebtheit gezeigt hat? Oder wie er sich nach 20 Ehejahren zeigt? Er ist so, wie wir ihn wahrnehmen. Warum also nicht die positivere Blickweise wählen. Damit lässt es sich besser leben. Der fünfte Punkt von Retzer steht im völligen Gegensatz zu unserem heutigen Paarverständnis. Er empfiehlt nämlich, auf einen Glücksanspruch zu verzichten. Das erscheint unlogisch. Aber Glück ist eben unlogisch. Das Glück zeigt sich oft gerade dann, wenn man es nicht sucht. Auch der sechste Punkt überrascht: Freunde sein. Ist das nicht der Tod jeder Liebesbeziehung? Wenn der Mann, den wir lieben, zu uns sagt: »Lass uns Freunde sein.«, dann wissen wir, was die Uhr geschlagen hat. Retzer sieht jedoch in der Freundschaft eine Basis, die auch im Alltag besteht. Sie ist gebend, nehmend und teilhabend, ohne nützlich oder angenehm sein zu müssen. So gesehen gibt sie einer Ehe auch dann noch Wärme, wenn es zwischen dem Paar nicht mehr so knistert. Als siebter und letzter Punkt nennt Retzer die konservative Rebellion. Es hört sich an wie ein Widerspruch in sich. Was Retzer jedoch damit meint, ist eine Rebellion gegen den Zeitgeist. Dieser wird bestimmt von Unmittelbarkeit, Kurzfristigkeit, Gleichzeitigkeit und Schnelligkeit. Eine lang andauernde Ehe wirkt dagegen geradezu anachronistisch. »Warum sollte man sich mit zeitaufwendigen Reparaturaufgaben belasten, wenn das nicht funktionierende Teil in wenigen Augenblicken ausgewechselt oder weggeworfen werden kann.«[7] Eine langjährige Ehe ist geradezu ein Wunder. Es geschieht dann, wenn man an der Ehe und seinem Partner festhält, auch wenn der Markt bessere Angebote bereithält. Diese Treue hat eine ganz andere Qualität als Treue aus Mangel an Gelegenheit.

Auch hier zeigt sich wieder die Paradoxie des Glücks. Wer sein eigenes Glück in den Mittelpunkt stellt, findet es oftmals nicht, denn nicht alles, was auf den ersten Blick nach Glück aussieht, ist es auch. Die neue Liebesbeziehung wird irgendwann mal alt. In einer langjährigen Beziehung jedoch entsteht Vertrauen und ein Gefühl der Zugehörigkeit, so wie die 71jährige Josephine erzählt: »Ich bin glücklich, dass ich schon als junges Mädchen einen Partner gefunden habe, mit dem jetzt schon seit fast 50 Jahren alles passt.« Oder so wie bei Anna, ebenfalls 71 Jahre, deren Mann herzkrank ist: »Jeder weitere Morgen, an dem ich mit meinem Mann aufwachen kann, ist für mich Glück. Durch seine Erkrankung bin ich für jeden Tag mit ihm dankbar.«

Es ist heute nicht einfach, die großen Herausforderungen einer dauerhaften Liebesbeziehung und eines stabilen Familienlebens zu bewältigen. Aber wer sagt denn, dass das Glück einfach zu haben ist. Wer in eine langjährige Beziehung investiert, tut nicht nur etwas für sein eigenes Glück, sondern auch für das Glück seiner Kinder. Die 19jährige Paula erzählt: »Glück bedeutet für mich, eine heile Familie zu haben. Aus diesem Grund bin ich momentan auch sehr unglücklich, weil sich meine Eltern getrennt haben. Deshalb suche ich das Glück bei meinen Freunden.« Bei einer Trennung gerät das sichere Gefühl der Zugehörigkeit ins Wanken. Zu wem gehört man? Zur Mutter und ihrem neuen Freund, mit dem man aber gar nicht klarkommt? Oder zum Vater und seiner neuen Lebensgefährtin, die selbst Kinder hat, um die sich der Vater nun bemüht? Wer in seine Ehe investiert, fördert das

Glück seiner Kinder auch auf lange Sicht. Frauen und Männer, die in einer intakten Familie aufgewachsen sind, trennen sich weniger häufig als Menschen aus Scheidungsfamilien. Dabei ist eine stabile Ehe gerade denen wichtig, die als Kind unter der Trennung ihrer Eltern gelitten haben. Sie möchten es ganz anders als ihre Eltern machen und ihren eigenen Kindern eine geborgene Kindheit bieten, aber für sie ist dieses Ziel besonders schwer zu verwirklichen, weil ihnen Vorbilder fehlen, wie eine Ehe trotz Krisen und Konflikten gelingen kann.

Was die Ehe so schwierig macht, ist unsere heutige Vorstellung von Glück. Die Literaturwissenschaftlerin Iris Radisch schreibt in ihrem Buch *Die Schule der Frauen. Wie wir die Familie neu erfinden*: »Ohne eine längst schon fällige Kritik des Glücks kann der Familie deshalb nicht geholfen werden. Glück ganz für sich allein? Meine Großmutter hätte gar nicht gewusst, wovon die Rede ist.«[8] Wenn wir glücklich sein wollen, müssen wir Glück in größeren Dimensionen denken. Glück, das nicht nur auf sich selbst bezogen ist, sondern auf die ganze Familie und auf die Freunde.

In unseren gesammelten Geschichten wurden Familie und Freunde am häufigsten als Glücksquelle genannt. Familienglück beschränkt sich nicht nur auf Eltern und Geschwister. Mara, eine 21jährige Studentin, erzählt: »Einer der glücklichsten Momente war, als ich im Sommer zwei Wochen mit meiner Familie, Tante, Onkel und Cousinen im Urlaub war. Vor allem meine Cousinen sehe ich so selten und es war so schön, zwei Wochen mit ihnen zu verbringen. Wir haben die ganze Zeit nur faul in der Sonne gelegen oder uns Städte in der Umgebung angesehen. Insgesamt war dieser Urlaub einer der schönsten, die ich je gemacht habe.« Schwestern oder Cousinen können wie Freundinnen sein. Die Bindung zueinander ist meistens noch fester, weil ein ganzer Clan dahintersteckt. Ob man will oder nicht, man klebt doch irgendwie zusammen. Freundinnen können sich aus den Augen verlieren, aber Cousinen und Schwestern nicht. Sie sehen sich regelmäßig bei Hochzeiten, runden Geburtstagen oder Beerdigungen. Die Zugehörigkeit zur Familie kann man nicht einfach abstreifen, auch wenn man sich als Außenseiterin fühlt. Selbst für das schwarze Schaf ist die Herde wichtig, denn nur dort wird sein Sonderstatus auch sichtbar. Viele haben sich diese Rolle hart erarbeitet, um sich vom Rest der spießigen Familie abzuheben.

Eine wichtige Bedeutung in der Familie nehmen die Großeltern ein. Sie sind eine Glücksquelle, die zu wenig wahrgenommen wird. Bei ihnen spüren wir, dass wir Teil eines großen Ganzen sind, das eigene Leben als Glied in einer Generationenkette. Großeltern geben Geborgenheit, wenn die Beziehung zu den Eltern nicht funktioniert. Das Verhältnis zu ihnen ist heute meistens inniger und liebevoller als früher. Margret, 88 Jahre alt, antwortet auf die Frage, wann sie glücklich ist: »Immer wenn ich mit meinen Enkelinnen zusammen bin. Das ist ein richtiges Glücksgefühl. Wenn ich an die Einzelnen denke, dann spür ich direkt was.«

Großmütter und auch Großväter sind heute sehr engagiert. Oftmals unterstützen sie ihre Töchter und Schwiegertöchter bei der Kinderbetreuung, damit sie ihren Beruf ausüben können, denn es gibt immer noch wenige Väter, die beruflich kürzer treten und ihre Kinder betreuen. Auf Großeltern ist Verlass, wenn ein Kind ausgerechnet kurz vor einer wichtigen Dienstreise die Windpocken bekommt.

Großeltern geben nicht nur Wärme und Geborgenheit, sondern sie erweitern auch unseren Blick auf das Leben, denn sie haben andere Werte und einen anderen Rhythmus. Wenn die Großeltern alt und gebrechlich sind, werden die Enkelkinder mit der Endlichkeit des Seins konfrontiert. Lara, eine 22jährige Studentin, erzählt: »Glück habe ich empfunden, als ich längere Zeit bei meinen Großeltern in der Lüneburger Heide war. Ich habe dort ein Praktikum gemacht und für ein paar Wochen bei ihnen gewohnt. Ich habe das geregelte Leben dort so genossen: früh aufstehen, abends zusammen essen und so weiter. Das alles hat mir ein gutes Gefühl gegeben, das mich durch die Tage trug. Auch das Bewusstsein um die Vergänglichkeit – sie sind nicht mehr gerade die Jüngsten – hat die Zeit für mich wertvoll gemacht. Ich war einfach glücklich, mit diesen Menschen, die mir lieb sind, zusammen zu sein.«

Das Glück der Zugehörigkeit erleben auch Geschwister untereinander – natürlich nicht immer. Oft nervt der kleine Bruder. Und auch wenn die große Schwester wieder mal alles besser weiß, wünscht man sich nichts sehnlicher, als ein Einzelkind zu sein. Aber wenn es darum geht, die Eltern davon zu überzeugen, dass ein Hund eine unverzichtbare Anschaffung für das Glück der ganzen Familie bedeutet, dann bilden Geschwister eine feste Einheit. Meistens wissen Geschwister genau, was sie aneinander haben. In unserer Studie hatte eine Seminar-Teilnehmerin ihre Freundin nach einem Glückserlebnis gefragt. Sie war Lehrerin und so begeistert von unserer Forschungsarbeit, dass sie ihre Schulklasse befragt hat, was für sie Glück ist. Die Zweitklässler antworteten auf die Frage am häufigsten: mit den Eltern und Geschwistern zusammen zu sein. Ein Kind antwortete: »Meine Familie, weil sie mich lieb hat.« Und ein anderes Kind sagte: »Ich war glücklich, dass mein Bruder mich und meine Mama besucht hat. Er wohnt mit meinem Papa jetzt woanders.«

Auch erwachsene Geschwister haben oftmals noch eine enge Beziehung zueinander. Keine Freundin versteht uns so gut wie die eigene Schwester. Nur sie weiß, wie man als Kind gelitten hat, weil die Eltern gegen Gameboy, Playstation und Wii waren, während alle anderen in der Klasse vernünftige Eltern hatten. Später verzeiht man seinen Eltern alles, spätestens wenn man eigene Kinder hat.

Familie und Geschwister sind ein starkes Band. Viola, eine 20jährige Auszubildende, erzählt. »Ein besonderes Glück sind für mich meine Familie und meine Freunde. Sie geben mir festen Rückhalt und Vertrauen. Denn das Wichtigste ist, zu wissen, dass es Menschen gibt, für die man wichtig ist, von denen man geliebt wird und die man liebt. Ich schätze es sehr, dass ich eine große Familie habe – ich habe noch drei Geschwister. Es macht mich glücklich, sie an meiner Seite zu haben, egal was passiert.«

Familienbeziehungen sind nicht so leicht zu erschüttern, auch bei Krisen nicht. Sabrina, eine 18jährige Schülerin, erzählt: »Seit einigen Wochen verstand ich mich mit meiner Mutter nicht mehr gut. Ich habe sie oft angelogen und sie wusste das. Obwohl meine Mama anfing, alles infrage zu stellen, was ich ihr erzählte, und sich unser Verhältnis mehr und mehr verschlechterte, hörte ich nicht damit auf. Ich versuchte, ihr aus dem Weg zu gehen. Vor drei Tagen kam es dann zum klärenden Gespräch, bei dem sie mir klarmachte, wie weh ihr meine Lügen tun. Wir beide haben geweint und uns richtig ausgesprochen. Es war natürlich nicht meine Absicht gewesen, sie zu verletzen, ich hatte nur Angst gehabt, sie zu enttäuschen. Jetzt bin ich total erleichtert und glücklich, dass wir endlich wieder gut miteinander umgehen können.«

In der Familie darf man sein, wie man ist. Man muss sich nicht verstellen oder sich von seiner besten Seite zeigen. Bei Freundschaften ist das anders: Man hat schnell viele Freunde und Freundinnen und dennoch dauert es, bis tiefe Freundschaften entstehen, die auch etwas aushalten. Freundschaften sind zerbrechlich. Diese Erfahrungen haben viele schon in der frühesten Kindheit gemacht, wenn die beste Freundin beim Vater-Mutter-Kind-Spielen drohte: »Wenn Du nicht den Vater spielst, bist Du nicht mehr meine Freundin.« Oder noch schlimmer: »Dann lade ich Dich nicht zu meinem Geburtstag ein.« Dass diese Drohung unter Schwestern – » ... dann bist Du nicht mehr meine Schwester« – nicht einschüchtert, erkannten meine Töchter schon nach dem ersten Testlauf.

Eine wichtige Rolle im Leben jeder Frau spielt die beste Freundin. Männer können dieses Phänomen höchstens ansatzweise verstehen. Ein Mann hat in den seltensten

Fällen eine beste Freundin, was für die meisten Frauen beruhigend ist. Aber Männer haben oft auch keinen besten Freund, seit Blutsbrüderschaft aus der Mode gekommen ist. Wenn eine Frau in Schwierigkeiten gerät, taucht im richtigen Moment die beste Freundin als Retterin am Horizont auf und greift helfend ein. Bei Liebeskummer hört sie sich die ganze Leidensgeschichte auch zum zwanzigsten Mal an, ohne sie mit einem Zehn-Punkte-Ratgeberprogramm abzuwürgen. Vom Glück der Freundschaft erzählt Sandra, 20 Jahre, die zur Zeit unserer Befragung ein Freiwilliges Soziales Jahr an einer Sonderschule machte: »Ich hatte vor Kurzem so einen absoluten Glücksmoment: Es waren die ersten, schönen Frühlingstage, ich war mit einer Freundin in der Stadt spazieren, es war warm und sehr sonnig. Wir haben uns also ein gemütliches Plätzchen ausgesucht und haben uns in die Sonne zum Kaffeetrinken gesetzt. Eigentlich ist nichts weiter passiert, wir haben uns sehr gut unterhalten und gemeinsame Pläne wegen unserer bevorstehenden Neuseeland-Reise geschmiedet. Ich war plötzlich so euphorisch und habe mich einfach sehr glücklich gefühlt.« Das sind Glücksmomente, die man nicht planen kann, sondern von denen man einfach überrascht wird. Man kann sie auch nicht festhalten, sondern einfach nur genießen und als schöne Erinnerung speichern. Die kann man dann in trüben Zeiten wie ein Foto hervorholen.

Freundschaften müssen gepflegt werden. Auch in den Zeiten, in denen man sich nicht oft sieht. Gerade dann. Manche Freundinnen entwickeln bestimmt Rituale. Die 20jährige Studentin Laura erzählt: »Ich schreibe mir mit meiner besten Freundin, die 350 km weit weg wohnt, fast wöchentlich eine Karte mit irgendwelchen lustigen Motiven. Das gehört für mich zum Highlight eines Tages, wenn ich wieder mal eine Karte für mich in meinem Briefkasten finde und auch, wenn ich an einem Kartenständer stehe und eine passende Karte für sie finde.«

Gute Freundinnen begleiten uns ein Leben lang. Mit ihnen verbringen wir unvergessliche Momente. Karin, eine 48jährige Hausfrau, erzählt: »Glück empfand ich das letzte Mal, als ich mit meinen Freundinnen einen Ausflug machte. Wir saßen im Zug, unterhielten uns durcheinander, lachten miteinander und genossen es. Ich fühlte mich glücklich in der Runde meiner vertrauten Freundinnen und war glücklich über unsere Freundschaft.« Eine Freundschaft wird tiefer und inniger, wenn man ihr Zeit gibt, zu wachsen. Das bedeutet, Zeit miteinander zu verbringen, auch wenn man in einer glücklichen Partnerschaft lebt. Manche Frauen haben keine Zeit mehr für ihre Freundinnen, sobald ein Mann in ihrem Leben auftaucht. Das ist ein großer Fehler. Abgesehen davon, dass man sich um das ganz besondere Glück bringt, das in Frauenfreundschaften liegt, ist es eine fatale Weichenstellung für die Zukunft. Frauen leben länger als Männer. So gesehen ist es sicherer, auf Frauen zu setzen. Wer keine Freundinnen hat, steht im Alter ziemlich alleine da. So schnell lässt sich keine Freundin aus dem Hut zaubern. Es empfiehlt sich also, jetzt schon ans Alter zu denken und seine Freundschaften pfleglich zu behandeln. Die 72jährige Elise erzählt: »Glücklich macht es mich, wenn ich Besuch bekomme oder mich mit einigen Freundinnen am Marienplatz zum Kaffeetrinken treffe. Man kommt ja nicht mehr so viel raus. Das Schönste für mich ist immer, wenn ich Gesellschaft habe und ich mich mit anderen austauschen kann. Seit mein Mann tot ist, bin ich schon oft alleine. Mein letztes Glückserlebnis war vor zwei Wochen. Da kam mich eine alte Freundin besuchen, die ich schon seit langer Zeit nicht gesehen hatte. Sie fährt nicht mehr gerne Zug in ihrem Alter. Das waren sehr, sehr schöne Tage. Wir waren jeden Tag an der Isar spazieren oder in einem netten Café. Ja, da war ich glücklich.«

Freundschaften und Liebe tragen entscheidend zu unserem Wohlgefühl bei. Das hat unsere Studie gezeigt und wird auch von allen anderen Glücksforschungen bestätigt. Aber eigentlich wissen wir es sowieso. Die innige Verbundenheit zwischen Menschen als Glücksquelle ist eine anthropologische Konstante, die zu allen Zeiten und für alle Kulturen gilt. Eine 21jährige chinesische Studentin beantwortete die Frage nach Glück: »Das Familienglück, glücklich sein mit Freunden, Glück in der Liebe – Menschen können einem das Gefühl geben, einen Ort gefunden zu haben, wo man hingehört, wo man geschätzt, geliebt und gebraucht wird, wo man geborgen ist und seinen Platz nicht immer wieder verteidigen und rechtfertigen muss, wo man etwas Besonderes ist, das einen von den anderen sechs Milliarden Menschen unterscheidet und uns somit wertvoll macht.«

»Wenn die ganze Familie beieinander ist und wir zusammen Musik spielen, das ist für mich das größte Glück.«

Gertraud Well (geb. 1919), Musikerin, Mutter von 15 Kindern, vielfache Großmutter und Urgroßmutter

Gertraud Well, oder Traudl, wie man hier in Bayern sagt, schaut gerade draußen im Garten nach ihren Blumen, als ich an einem sonnigen Frühlingsvormittag bei ihr – in einem idyllischen Dorf zwischen München und Augsburg – auftauche, um über ihr Leben und über Glück zu reden. Sie sieht aus wie eine Märchengroßmutter: sehr klein und zierlich, mit schneeweißen, hochgesteckten Haaren und wachen dunklen Knopfaugen. Sieht man das ausstrahlungsstarke Gesicht der 93jährigen, ist man geneigt, alle Anti-Faltencremes in den Müll zu werfen. Entschuldigend erklärt sie, dass sie ihre Arbeitskleidung angezogen habe, weil sie nachher noch im Garten arbeiten wolle. Die verblühten Vergissmeinnicht müssen raus und neue Blumen gepflanzt werden. In dieser Arbeitskleidung – ein dunkelblaues Dirndl mit hellblauer Schürze und weißer Bluse – würden andere zum Oktoberfest gehen. Das Festtagsdirndl von Traudl Well in Schwarz und Dunkelrot sieht wirklich festlich aus. Das zieht sie bei ihren Konzerten und Fernsehauftritten an. Gertraud Well spielt Zither und steht immer noch auf der Bühne, zusammen mit ihren Kindern. Und wenn ihre Enkelkinder und Urenkelkinder bei einem Weihnachtskonzert auch mit auftreten, kann es auf der Bühne ziemlich eng werden. Immerhin hat Traudl Well 15 Kinder, 36 Enkelkinder und 22 Urenkelkinder und alle sind sehr musikalisch. Einige davon sind nicht nur in Bayern und dem Restdeutschland berühmt geworden, sondern auch im Ausland. Hans, Michael und Christoph haben als *Biermösl-Blosn* über 35 Jahre lang das schwarze Bayern rot aufgemischt, oft zusammen mit Gerhard Polt. Moni, Burgi und Vroni, nach deren Ausstieg Bärbi ihren Platz übernommen hat, füllen als die *Wellküren* die Säle. Ihre Texte sind der bayerische Beitrag zur Emanzipation. Seit der Auflösung der Biermösl-Blosn treten Michael, Christoph und Karli zusammen mit den Wellküren auf. In München sind die Konzerte der *Geschwister Well* trotz vieler Auftritte regelmäßig ausverkauft. Einen langen Applaus gibt es, wenn Traudl Well auf die Bühne kommt, um ihre Kinder auf der Zither zu begleiten. Auch die nächste Generation tritt in die musikalischen Fußstapfen. Die Well-Familie ist mit zahlreichen Preisen ausgezeichnet worden; Traudl Well bekam 2006 das Bundesverdienstkreuz für ihr Engagement in der Volksmusik verliehen.

Die politische Haltung ihrer Kinder scheint nicht spurlos an Gertraud Well vorübergegangen zu sein. An der alten Holztür in ihrer Bauernstube prangt ein knallroter Aufkleber mit dem Text »WISSEN MACHT REICH – gegen Studiengebühren«. Als ich sie darauf anspreche, lacht sie und meint, wer von ihrer Familie das dort hingeklebt habe, wisse sie auch nicht. Aber immerhin – sie ließ es dort hängen. Überhaupt erzählt ihre Wohnstube viel über ihr Leben. Am Stuhl steht die Harfe und auf dem Tisch liegt ihre Zither, darüber ist der Hergottswinkel mit einem sehr alten, kunstvollen Kruzifix. Das wollte ihr schon mal jemand abkaufen, obwohl beide Arme vom Jesus fehlen. Traudl Well erklärt allerdings, dass da schon noch ein Arm da sei, aber den müsste man halt erst wieder hinmachen. An der Seite ihres alten bemalten Bauernschranks haftet ein kleiner weißer Notizzettel, auf dem sie die Geburtstage ihrer Kinder notiert hat. Den eng beschriebenen Zettel kann sie immer noch ohne Brille lesen. Während wir uns über Glück unterhalten, liegt »Mieze«, die Katze, eingerollt auf der Bauerntruhe und schnurrt leise vor sich hin.

Glücklich? Ja mei, ich bin zufrieden. Mir geht's gut. Ich bin gesund und arbeiten kann ich auch noch, aber nimmer so viel wie früher. Die Kinder schauen oft vorbei. Das freut mich. Und wenn sie irgendwo hingehen, einen Ausflug machen, oder wenn sie auf eine Konzertreise geh'n oder so, dann nehmen sie mich mit. Am schönsten ist es, wenn wir alle beieinander sind und Musik machen.

Über Glück hab ich nie nachgedacht. Da hat man früher keine Zeit dafür gehabt. Das Leben war unkomplizierter als jetzt. Es war schön – obwohl man arm war. Ich bin 1919 in einem kleinen Dorf in der Nähe von Augsburg aufgewachsen, zusammen mit meinen zwei Schwestern. Mein Vater war Friseur und meine Mutter ist aus einem kleinen Bergbauernhof in Brixen hergekommen. Ich wär gern Ärztin geworden. Die Noten in der Schule hätt' ich gehabt, aber es war kein Geld da, um auf eine höhere Schule zu gehen. Dann hab ich halt Arzthelferin gelernt, bei einem Doktor ganz in der Nähe. Das hat mir gut gefallen. Ich bin mit zu den Hausbesuchen, hab das Apothe-

kenbuch geführt und sogar Narkosen gemacht. Bei meiner ersten Narkose war ich ganz aufgeregt, das weiß ich noch so gut. Das war bei einem Bauern der Sohn, ein Bub von sechs oder sieben Jahren. Da sind wir hingefahren und ich hab die Narkose gemacht. Ich hab so viel Angst gehabt: »Hoffentlich wacht der Bub wieder auf.« Und es ist gut gegangen. Vor vier Jahren hab ich bei einem Auftritt von der Geschichte erzählt und hinterher ist eine Frau zu mir gekommen und hat gesagt, der Bub war ihr Bruder. Sie erinnert sich noch gut daran und es geht ihm gut. Da hab ich mich so gefreut. Als Arzthelferin hat man so viel helfen können. Wenn man am Abend von den Krankenbesuchen heimgefahren ist, hat man so ein schönes Gefühl gehabt. Für ein gutes Wort sind die Leut' oft schon so froh gewesen. Das macht einen selber glücklich.

Und dann hab ich meinen Mann kennengelernt. Er war Lehrer im Nachbardorf und ist öfters zu Besuch bei dem Arztehepaar gewesen. Ich habe bei denen gewohnt. Mei, und dann hat er bald heiraten wollen. Ich habe nicht heiraten wollen, jedenfalls nicht so schnell. Mir hat meine Arbeit beim Arzt gut gefallen und ich wollte nicht weg. Aber er hat gesagt, er muss heiraten, wenn er eine Lehrerwohnung haben will. Ich weiß auch nicht, warum es ihm so pressiert hatte. Vielleicht weil er sieben Jahr älter war. Oder weil er nach dem Tod seiner Mutter im Internat aufgewachsen ist und sich eine Familie gewünscht hat. Wir haben 1939 geheiratet, da war ich noch nicht ganz 19 Jahre alt. Beide haben wir gesagt, dass wir eine große Familie wollen. Und dann ist ein Kind nach dem anderen gekommen. Über ein jedes hab ich mich so gefreut. Es tät mir leid um jedes Kind, das ich nicht hätte. Die ersten drei Kinder sind im Krieg geboren. Nach der Geburt ist immer meine Mutter gekommen und acht Tage bei mir geblieben. Die hat mir viel geholfen.

Leicht war die Zeit nicht. Wir haben im Schulhaus gewohnt. Da war's manchmal ganz schön eng. Ich hab noch ein Pflegekind gehabt, das uneheliche Kind von meiner Schwester. Der Bub war wie ein eigenes Kind für mich. Und später hab ich meine Eltern zu mir genommen, als sie alt waren. Wir haben immer ein volles Haus gehabt.

Mein Mann hat nicht viel verdient als Lehrer. Ich erinnere mich noch dran, dass ich mit sechs Kindern 340 Mark im Monat gehabt hab. Zum Essen hat es vor allem Milchspeisen gegeben. Jeden Tag haben wir vom Bauern eine große Kanne Milch geholt. Milch haben die Kinder trinken dürfen, so viel wie sie wollten. Fleisch hat es nicht oft gegeben, nur wenn uns ein Bauer nach dem Schlachten was geschenkt hat. Kartoffeln und Gemüse hab ich im eigenen Garten gehabt. Manchmal wär's schon leichter gewesen, wenn wir mehr Geld gehabt hätten, aber Geld ist nicht wichtig im Leben. Viel wichtiger ist die Familie. Und dass man zusammenhält. Bei uns hat ein jedes Kind mithelfen müssen. Ein jedes hat seine Arbeiten gemacht, da hat's nichts gegeben. Das hat mein Mann immer eingeteilt. Er war schon streng, auch als Lehrer. Aber er war ein guter Lehrer. Und ein guter Musiker. Er hat den Kirchenchor, die Musikkapelle und den Gesangsverein geleitet und war fast jeden Abend unterwegs. Musik war sein Leben. Eigentlich war er kein Familienmensch. Familienleben hat er als Kind ja auch gar nicht gekannt. Und später kann man das nicht mehr lernen. Er war auch ein ernster Mensch. Ich war anders. Ich war gern lustig und hab gefeiert und auch gern Schafkopf gespielt. Das spiel ich heut noch gern.

Die Musik hat die Familie zusammengehalten und das ist auch heute noch so. Beim Adventssingen oder wenn jemand Geburtstag hat oder sonst ein Fest ist, wird immer gefeiert und gesungen. Die Kinder sind mit der Musik aufgewachsen. Ein jedes hat ein Instrument lernen dürfen oder auch mehrere. Das haben wir uns vom Mund abgespart. Ich hab geschaut, dass die Kinder üben und mein Mann war fürs Singen zuständig. Wir sind oft aufgetreten, besonders in der Weihnachtszeit. Dann haben wir ein musikalisches Krippenspiel aufgeführt, das mein Mann geschrieben hat. »Bethlehem-Rallye« haben unsere Kinder immer gesagt. Wir haben oft über 30 Vorstellungen in der Adventszeit gehabt, an manchen Tagen waren es drei bis vier Auftritte. Das war nicht einfach zu organisieren. Wir haben nur ein kleines Auto gehabt. Da haben wir nicht alle reingepasst, mein Mann und ich und die 15 Kinder mit allen Instrumenten. Aber ein paar junge Burschen vom Dorf haben den Chauffeur gespielt. Ein jedes Kind hat gewusst, in welches Auto es einsteigen muss. Wenn wir zurückgekommen sind, ist jedes Kind gleich in sein Bett. Ich hab mich da nicht drum kümmern brauchen. Aber einmal – da sind alle schon wieder in ihren Betten gelegen – hat's geläutet und die Veranstalterin von unserem Auftritt ist mit Hansi vor der Tür gestanden und hat gesagt: »Ihr habt's einen vergessen!« Das war ned das einzige Mal. Einmal haben wir den Hansi daheim vergessen, als wir das Krippenspiel aufgeführt haben. Dabei hätt' er den Josef spielen sollen. In letzter Minute hat ihn ein Bursche vom Dorf gebracht, aber wirklich in allerletzter Minute, als wir schon auf der Bühne gestanden sind.

Als die Kinder größer waren, haben sie ihre eigene Musik gemacht. Der Helmut hat eine Rockband gegründet. Der Stopherl war bei den Münchner Philharmonikern als Solo Trompeter. Und dann hat er sich mit dem Hansi und dem Michal zusammengetan. Zusammen sind sie als Biermösl-Blosn aufgetreten. Am Anfang war mir des gar nicht recht, dass sich aufs Musikkabarett verlegt haben. Ich hab gedacht, dass sie die alte bayerische Musik nimmer machen wollen, die wir als Familie immer zusammen gespielt haben. Einmal als sie im Cuvillé-Theater in München aufgetreten sind, haben sie mir gesagt: »Mutti, wennst jetzt ned mitgehst, samma dir bös.« Dann bin ich mit. Und das, was die gemacht haben, hat mir gut gefallen. Auch die Musik von der Vroni, der Burgi, der Bärbi und der Moni als Wellküren. Die Volksmusik machen ja trotzdem noch alle.

Ich bin auch oft bei den Konzertreisen dabei gewesen. Die Biermösl-Blosn und die Wellküren sind ja viel herumgekommen. Und dann war ich auch oft in Frankreich. Der Michal hat eine Französin geheiratet. Die hat in Nizza studiert und die Eltern wohnen in Monaco. Da bin ich oft mitgefahren, zusammen mit meinen beiden Schwestern, weil mein Mann nicht gern gereist ist. Mit meinen Schwestern war's immer recht lustig, vor allem mit der jüngeren. Die hat alles mitgemacht und ist überall hingefahren. Sie hat mich oft besucht in den Ferien und war 14 Tage da, zusammen mit ihrer Freundin. Dann haben wir's uns schön gemacht und eine richtige Gaudi miteinander gehabt. Wir sind viel spazieren gegangen und abends haben wir Schafkopf gespielt. Das fehlt mir, dass meine Schwester und meine Freundinnen nimmer da sind. Sie leben alle nimmer. Mit der letzten Freundin, die gestorben ist, war ich 70 Jahre lang befreundet.

Seitdem meine Schwestern nicht mehr leben, fahr ich nimmer nach Frankreich. Jetzt reise ich gar nicht mehr. Ich mag nicht über Nacht weg sein. Außer einmal im Jahr, wenn alle meine Töchter mich nach Brixen mitnehmen, wo meine Mutter herstammt. Da wohnen wir in einem ganz noblen Hotel, dem Hotel Elephant. Am Nachmittag gibt's im Garten Champagner und dann singen meine Töchter die alten Volkslieder für mich. Das freut mich so. Seit zehn Jahren fahren wir da hin. Immer so um meinen Geburtstag herum.

Meine Kinder kümmern sich sehr um mich. Sie wohnen alle ganz in der Nähe. Jeden Tag kommt eins von ihnen vorbei. Und dann trete ich immer noch oft zusammen mit den Kindern bei Konzerten auf. Wir haben gerade viele Auftritte in den Kammerspielen in München. Musik mag ich immer noch gern spielen. Manchmal zupf ich noch ein Lied auf d'Nacht, auf der Zither oder auf der Harfe, bevor ich ins Bett geh.

Ich hab immer noch gern Leute um mich. Das bin ich gewohnt. Ich war ja nie allein. Ich hab's Haus immer voll gehabt. Zuerst mit den Kindern. Und später kamen ihre Freunde dazu. Die Kinder haben immer jemand mitgebracht, dem sie helfen wollten. Manchmal war mir der

Trubel fast zu viel, aber meistens hat's mir gefallen, dass immer Leben im Haus war. Als die Kinder so nach und nach ausgezogen sind, ist's mir zu ruhig geworden. Ich hab dann in der Volkshochschule Kurse für sakrale Volkskunst gegeben, wie sie früher in Klöstern gemacht worden ist. Und dann hab ich in München einen Kurs zur Pflegehelferin gemacht. Da waren die Kinder schon groß. Ich habe die Ausbildung später gut gebrauchen können, als mein Mann einen Schlaganfall gehabt hat. Sechs Jahre lang hab ich ihn daheim gepflegt. Alle Kinder haben mitgeholfen. Aber immer daheim sein war mir zu fad. Ich hab wieder unter die Leut' gehen müssen. Deshalb hab ich beim Berti in der Weilachmühle ausgeholfen, die er damals gehabt hat. Das war eine Gastwirtschaft und Kleinkunstbühne. Da hab ich gekocht oder im Garten gearbeitet. Wenn eine Hochzeit war, hab ich oft 200 Kiachl (Schmalzgebäck) gebacken. Jede Woche bin ich ein paar Mal mit meinem Mofa die 20 Kilometer rübergefahren. Mit 89 hab ich dann das Mofa meinem Enkelkind geschenkt.

Wenn ich so zurückdenke: Ich hab ein schönes Leben gehabt. Ich möcht's nicht missen, wie's war. Es war hart, aber gut. Die Kinder sind ordentlich und fleißig; alle sind's was geworden. Man hat was geschafft. Es hat einen Sinn gehabt, das Leben.

Mutterglück: Illusion oder eine andere Dimension von Glück?

»Ich habe letztes Jahr geheiratet. Das war ein sehr glückliches Erlebnis und jetzt bin ich schwanger. Jeder einzelne Tritt meines ungeborenen Kindes bedeutet für mich pures Glück.«

Tanja, 27 Jahre, Erzieherin

»Ich habe vor drei Wochen meine zweite Tochter gesund zur Welt gebracht. Was denkst du, was mein letztes und schönstes Glückserlebnis ist?«

Irena, 35 Jahre, zweifache Mutter

»Mein letztes Glückserlebnis hatte ich, als ich heute Mittag mein Patenkind auf dem Arm hatte und sie mich anlächelte.«

Silke, 26 Jahre, Buchhändlerin

Kinder machen glücklich. Das sagen die Mütter. Und auch die Väter. Und diejenigen, die es werden wollen. Alles total übertrieben, sagen die Glücksforscher. Dass Kinder glücklich machen, sei ein Märchen, an das wir alle noch zu gerne glauben wollen. Dann ziehen sie eine Studie hervor, mit der sie die unangenehme Wahrheit beweisen. Viele Glücksforscher berufen sich auf eine Untersuchung von Christopher Walker mit dem Titel *Some Variation in Marital Satisfaction* und erklären sie anhand einer grafischen Zufriedenheitskurve: Ein verheiratetes Paar ist solange glücklich, bis es Kinder bekommt. Dann stürzt der Glückslevel nach unten, erholt sich etwas, wenn die Kinder in die Grundschule kommen, um dann während der Teenagerzeit noch einmal richtig abzusacken und den emotionalen Tiefpunkt des Ehelebens zu erreichen. Sind die Kinder aus dem Haus, zieht das Glück ein. Die Zufriedenheitskurve geht steil nach oben und erreicht mitunter das Niveau der Flitterwochen. Von wegen Midlife-Crisis, wenn die Kinder ausziehen. In Wirklichkeit sei das *Leere-Nest-Syndrom* erleichtertes Aufatmen, erklärt Daniel Gilbert. Kinder, so deuten die Glücksforscher vorsichtig an, bremsen eher unser Glück. Tun sie das denn tatsächlich? In der Forschungsarbeit ging es Christopher Walker nicht darum, ob Kinder glücklich machen oder nicht, sondern wie die Zufriedenheit eines Ehelebens verläuft. Sein Ergebnis zeigt, dass es mit dem Eheglück während der Kleinkind- und Teenagerphase ziemlich schlecht aussieht. Aber können Glücksforscher daraus ableiten, dass Kinder nicht glücklich machen? Vielleicht sind es in Wirklichkeit nicht die Kinder, die zur Unzufriedenheit der Ehe beitragen, sondern andere Faktoren: Die Überstunden des Mannes, der übereifrig an seiner Karriere bastelt, oder die Überforderung der Ehefrau, die zu Hause alles alleine managt und sich womöglich noch um die alten Eltern kümmern muss. Sind es nicht eher kinderfeindliche Lebensbedingungen, vor allem die unflexible Arbeitswelt, die die Ehe mit Kindern belasten als die

Kinder selbst? Abgesehen davon ist manchmal das Miteinander in der Ehe schwierig, aber das Zusammensein mit den Kindern macht dennoch glücklich. Bei dieser Studie wäre es auch interessant gewesen, zwischen Frauen und Männern zu unterscheiden. Außerdem wurde diese Studie in den 1970er Jahren durchgeführt, also vor ungefähr 40 Jahren, in einer Zeit, als Frauen in erster Linie Hausfrau und Mutter waren, ohne einen Ausgleich im Beruf zu finden. Das Ergebnis dieser Untersuchung würde heute vermutlich anders aussehen.

Für die These, dass Kinder als Glücksquelle überschätzt werden, gibt es mehrere Belege. Eine häufig zitierte Forschungsarbeit wurde von einem hochkarätigen Forschungsteam, darunter der Wirtschaftswissenschaftler und Nobelpreisträger Daniel Kahneman und der Sozialpsychologe Norbert Schwarz, durchgeführt. Die Wissenschaftler untersuchten 909 berufstätige Mütter aus Texas mit einer ausgefeilten Forschungsmethode. Dabei listeten die Frauen sehr detailliert auf, was sie am Vortag gemacht hatten und wie sie sich dabei fühlten. Das Ergebnis zeigt, dass es die Kinderbetreuung nicht in die Top Ten der weiblichen Lieblingsbeschäftigungen geschafft hat. Kinder zu versorgen rangierte auf der Liste irgendwo unten kurz vor Hausarbeit. Viel mehr Spaß als Windeln zu wechseln, Hausaufgaben zu kontrollieren oder Chauffeursdienste zu leisten, macht es den Müttern, sich mit Freundinnen zu treffen, sich zu entspannen oder zu essen. Das ist ein Ergebnis, das keine Mutter anzweifeln würde. Natürlich treffen wir uns lieber mit einer Freundin in einem schönen Café. Würde man diese texanischen

Mütter aber fragen, was sie in ihrem Leben glücklich macht, wären ihre Kinder auf den vordersten Plätzen in der Rangfolge. Das zeigen viele andere Studien und das ist auch dem Forschungsteam von Daniel Kahneman und Norbert Schwarz bewusst. Obwohl wissenschaftliche Befunde dank ausgefeilter Methoden das Gegenteil zeigen, behaupten Mütter und Väter weiterhin hartnäckig, dass ihre Kinder sie glücklich machen würden. Selbst der Glücksforscher und Harvard-Professor Daniel Gilbert erklärt: »Wenige von uns sind gegen die fröhliche Betrachtung immun. Ich habe einen 29jährigen Sohn, und ich bin völlig davon überzeugt, dass er immer schon eine der größten Freudenquellen in meinem Leben gewesen ist.«[9] Zwei kanadische Psychologen, Richard Eibach und Steven Mock, sind diesem Widerspruch nachgegangen und haben nun eine Erklärung gefunden: Väter und Mütter reden sich das Elternsein schön, denn irgendwie müssen sie ja erklären, dass sich die teure Anschaffung gelohnt hat. Es sei also nur eine sich selbst erhaltende Illusion, die auch irgendwie notwendig ist, wenn die Menschheit nicht aussterben will. Könnte es nicht einen anderen Grund geben, warum Mütter und Väter behaupten, ihre Kinder würden sie glücklich machen, obwohl die Studien etwas ganz anderes »beweisen«? In den meisten Forschungsarbeiten wurde überhaupt nicht danach gefragt, was genau Mütter und Väter an ihren Kindern glücklich macht. Und es wurde auch nicht zwischen Müttern und Vätern unterschieden. Deshalb möchte ich im Folgenden die Mütter zu Wort kommen lassen, bevor ich zeige, dass noch andere Deutungen möglich sind.

Kinder bescheren schon Glücksmomente, bevor sie überhaupt da sind. Dana, eine slowakische, 25jährige Englischlehrerin, erzählt: »Mein letztes Glückserlebnis war, als ich erfahren habe, dass ich schwanger bin. Ich hatte in der letzten Zeit gesundheitliche Probleme und es war fraglich, ob ich überhaupt jemals schwanger werden kann. Es hat aber nach einiger Zeit geklappt und ich freue mich auf das nächste Glückserlebnis – nämlich auf unser Baby.« Und Kerima, eine 43jährige türkische Juristin, erzählt: »Letzten Freitag hatten wir – mein Mann und ich – ein unbeschreibliches Glücksgefühl, als wir den Herzschlag unseres Kindes in der achten Woche auf dem Bildschirm beim Gynäkologen ›schlagen‹ sehen durften. Das ist *das* Glück für uns! Wir konnten es nicht glauben und noch immer ist dieses Wunder ›Leben‹, das mich jetzt immer mehr beansprucht, voller Geheimnisse und Hoffnungen und auch mit Ängsten verbunden. Wir hoffen natürlich, dass alles gut geht und wir Ende Juni unser Baby in die Arme nehmen dürfen!«

Viele Frauen erzählen von der Schwangerschaft als einer besonders intensiven Zeit. Die ersten zarten Kindsbewegungen gehören zu unvergesslichen Momenten.

Vorfreude ist ein wichtiger Faktor beim Glückserleben. Vielleicht ist das Glück gar nicht so überwältigend, wie man es sich ausmalt. Wenn Frauen sich in der Schwangerschaft auf das Kind freuen, dann ist es eine Empfindung, die aus den Zukunftsvorstellungen gespeist wird, aber trotzdem in der Gegenwart stattfindet.

Schwangerschaft ist heute eine Lebensphase, die ausgiebig zelebriert wird. Während man früher seine Schwangerschaft in weiten, unauffälligen Sackkleidern verhüllt hat, ziehen die Frauen heute stolz eng anliegende Stretchkleidung an, die den Bauch so genau abbildet, dass sich die aktuelle Schwangerschaftswoche ziemlich exakt bestimmen lässt. Frauen erleben ihre Schwangerschaft heute sehr intensiv und bereiten sich auf die Geburt vor wie Gymnasiasten auf das Abitur. Sie besuchen Kurse, lesen Bücher oder Zeitschriften und tauschen sich in Internetforen aus. Das, was die Glücksratgeber empfehlen, nämlich bewusst zu leben, scheint in der Schwangerschaft leichter zu gelingen als in vielen anderen Lebensphasen.

Die Geburt haben viele Frauen als einen der glücklichsten Momente ihres Lebens in Erinnerung. Elvira, eine 59jährige Lehrerin, sagt: »Das größte Glück waren die Geburten meiner drei Töchter. Wenn da aus deinem eigenen Körper ein Mensch rauskommt … das ist das größte Glück. Das kann man nicht steigern. Da ist man selig.« Und Irina, eine 39jährige Philologin aus Georgien, erzählt: »Ich könnte einige Glückserlebnisse erzählen, aber das größte ist eindeutig die Geburt meiner Tochter. Das Wesen sehen, hören und in den Armen halten, ganz dicht am Körper, das ich so lange in mir getragen habe. Vor allem, als ich wahrgenommen habe, dass das Baby ganz normal und gesund ist! In dem Moment habe ich das Glück intensiv gespürt.«

Die Geburt wird von den Frauen als ein ganz besonderes Erlebnis geschildert. Vielleicht liegt es daran, weil bei der Geburt hautnah erlebt wird, dass das Leben ein Wunder ist. Auch Männer nannten übrigens häufig die Geburt ihrer Kinder als das größte Glückserlebnis. Es ist mit keinen anderen Erfahrungen vergleichbar. Die 61jährige Theaterwissenschaftlerin Marina erzählt: »Die Augenblicke, in denen ich meine Kinder zum ersten Mal im Arm halten durfte, sind die schönsten und glücklichsten meines Lebens und werden es auch bleiben, denn sie haben eine andere Dimension. Sie gehören zu den Glückserlebnissen, die nicht so flüchtig sind und die heute nach vielen Erfahrungen umso kostbarer sind.«

Dass Frauen die Geburt trotz aller Ängste und Schmerzen als ein so großes Glück erleben, hängt damit zusammen, dass zwei weitere wichtige Faktoren dazukommen, die in der Glücksforschung als wesentlich gelten: Dankbarkeit und Liebe. Von diesen Gefühlen werden Mütter nach der Geburt geradezu überflutet. Das ist nicht nur eine besondere Leistung der Hormone, sozusagen als Entschädigung für die durchlittenen Schmerzen. Dankbarkeit entsteht auch in dem Bewusstsein, dass etwas nicht selbstverständlich ist, sondern ein Geschenk. Frauen wissen, dass trotz aller medizinischen Möglichkeiten nicht alles machbar ist – ein Kind schon gar nicht.

Die Erinnerungen an die Geburt sind keine realistische Abbildung des tatsächlichen Geschehens, so wie es Erinnerungen grundsätzlich nicht sind. Aber der Gedanke daran wärmt das Herz. Und auch das ist eine Form des Glücks. Glück entsteht nicht nur im aktuellen Erleben, sondern auch beim Erinnern und in der Vorfreude.

Und endlich ist das ersehnte Baby da! Macht es dann noch glücklich? Volle Windeln, ständig Hunger, dazwischen Bauchkrämpfe und wenn das überstanden ist, kommt das Zahnen. Man könnte die Herausforderungen ganz gut bewältigen, wenn sich das alles auf den Tag beschränken würde. Schließlich hat man in seinem Beruf auch schon vieles geleistet. Aber das Baby hält sich leider nicht an die üblichen Arbeitszeiten inklusive Überstunden, sondern fordert volle Einsatzbereitschaft, auch bei Nacht. Nach vielen schlaflosen Nächten werden auch die kleinsten Arbeiten am Tag zur Tortur und die ganzen Wünsche einer Frau reduzieren sich auf einen einzigen: Schlafen! Stimmt also die unter Müttern verbreitete Definition: »Mutterglück ist das, was eine Mutter empfindet, wenn sie ihr schlafendes Kind betrachtet.«? Ja, auch das gehört zu den vielen Facetten des Glücks. Sabine, eine 45jährige Hausfrau, erzählt lachend: »Eigentlich ist es immer ein glücklicher Moment für mich, wenn ich mich nach einem anstrengenden Tag in meinem Garten gemütlich hinsetzen kann, vielleicht mit einem guten Pils. Als Mutter von zwei Kindern kann der Alltag ganz schön stressig sein. Da ist manchmal jede ruhige Minute ein Glücksmoment. Ein bestimmtes Glückserlebnis kann ich eigentlich nicht genau sagen. Auch wenn die Kleinen oft nervig sind, waren so viele Begebenheiten mit ihnen Glücksmomente, gerade so Sachen wie die ersten Worte oder die ersten Schritte.«

Muttersein ist anstrengend. Trotz aller Anstrengung erleben Frauen aber ganz besondere Augenblicke mit ihren Kindern. Ruth, eine 49jährige Mutter, antwortet auf unsere Frage nach Glück: »Ich kann es nicht direkt auf einen Moment beschränken. Viele Glücksmomente habe ich durch meine Kinder erfahren. Da reichen schon ein kleines Lächeln, das Getrippel von kleinen Kinderfüßchen und das undefinierbare Gebrabbel der Kleinen. Wenn die Kinder größer werden, werden die Glücksmomente nicht unbedingt größer, aber aufhören tun sie nie.«

Glück mit Kindern empfinden Frauen nicht nur im idealisierenden Rückblick, sondern auch in der Gegenwart. Susan, eine kanadische, 39jährige Versicherungs-Gutachterin, erzählt: »Meine süßen Jungs, zwei und fünf Jahre alt, machen mich glücklich. Mein Glückserlebnis war heute in der Früh, als meine Jungs sich kaputt gelacht haben über die Geschichten, die ich ihnen erzählt habe.«

Aber das Glück mit Kindern ist noch mehr. Zwischen Mutter und Kind ist eine Verbundenheit vorhanden, die meistens ein Leben lang andauert. In München gab es eine Ausstellung über Hundertjährige, in der Porträts und Zitate in Großaufnahmen gezeigt wurden. Auf einem dieser Plakate wurde eine über 100jährige Frau zitiert: »Ich habe erst aufgehört, mir Sorgen um meine Kinder zu machen, als sie ins Altersheim gingen.«

Wie sind nun diese Glückserlebnisse mit den eingangs genannten Forschungsergebnissen zusammenzubringen? Die Studien berücksichtigen zu wenig die kleinen Glücksmomente, die man mit Kindern erlebt, zum Beispiel, wenn man sein Kind völlig selbstvergessen spielen sieht oder wenn es strahlend und voller Lebensfreude auf die Mutter zugerannt kommt.

Kinder machen auch glücklich, weil wir mit ihnen viel mehr Achtsamkeit erleben und das gilt als eine der wichtigsten Voraussetzung, um Glück zu empfinden. Kinder erschließen Müttern und auch Vätern einen neuen Blick auf das Gewohnte. Wenn kleine Kinder laufen gelernt haben, stellen Eltern zu ihrem Erstaunen fest, wie viel es auf dem kurzen Weg zwischen Bäckerei und Wohnung zu entdecken gibt und wie viel Zeit es braucht, diese Dinge genauestens zu untersuchen, sei es eine Pfütze, ein Stein, eine Blume oder eine Nacktschnecke. Die Glückgeschichten zeigen, dass Menschen unter Glück mehr verstehen als nur ein Wohlgefühl. Kinder machen Arbeit, sie kosten Geld und sie sind anstrengend. Aber das alles macht Sinn. Alles, was in ein Kind investiert wird, ist niemals vergeblich. Jeder, der mit Kindern zu tun hat, ob Eltern, Lehrer oder Sporttrainer, prägt sie, ob er will oder nicht. Eltern haben durch ihre Kinder einen größeren Einfluss auf die Zukunft, als ihnen oft bewusst ist. Vielleicht gelingt es der Generation von morgen, dazu beizutragen, dass ein gleichberechtigtes Miteinander zwischen Frauen und Männern auch in der Praxis stattfindet und die Familienarbeit von Müttern und Vätern einen höheren Wert bekommt, als sie heute hat. Vielleicht gelingt es ihnen, familienfreundliche Arbeitstrukturen durchzusetzen, weil sie als Kind erfahren haben, wie wichtig es ist, Zeit und Zuneigung zu bekommen.

Und wenn man keine eigenen Kinder hat? Man muss keine eigenen Kinder haben, um mit ihnen Glück zu erleben. Luisa, eine 21jährige Fremdsprachenkorrespondentin, erzählt: »Kürzlich hat Natalie, sieben Jahre und mein Patenkind, bei Oma übernachtet. Die Kleine hat auf mich gewartet, als ich die Treppe hochgelaufen bin, dann hat sie »Luisa!« gerufen und ist mir so entgegengesprungen. Ihre Augen haben geleuchtet und ich hab sie aufgefangen. Sie hat mich umarmt, mir ein Bussi gegeben und wir haben den ganzen Abend noch miteinander gespielt. Dann habe ich sie ins Bett gebracht und sie wollte, dass ich ihre Hand halte, bis sie einschläft. Das zärtliche Gefühl für die Kleine, ihre Freude, mich zu sehen, das war Glück. Glück ist, wenn ich das Gefühl habe, als würde mein Herz aufgehen, wenn ich mich ganz leicht fühle und wenn es sich so anfühlt, als hätte ich statt Blut Sekt oder Brause in den Adern.«

Was ist mit Frauen, deren sehnlichster Wunsch nach einem eigenen Kind nicht in Erfüllung geht? Erleben sie nur das Glück zweiter Klasse? Manche nehmen viele Kosten und Mühen und auch enttäuschte Hoffnungen auf sich, um ihren Kinderwunsch zu verwirklichen. Andere wiederum öffnen ihr Herz und ihr Zuhause für ein fremdes Kind, das irgendwann zu ihrem eigenen wird. Und wieder andere entdecken, dass das Leben noch viele andere schöne und sinnstiftende Dinge bereithält. Was unglücklich macht, sind nicht unsere unerfüllten Wünsche, sondern unsere Fixierung darauf. Wir idealisieren den Wunsch so sehr, dass wir alle anderen Glücksquellen in unserem Leben geringschätzen oder manchmal gar nicht mehr sehen. Manche Mütter in Elternzeit sitzen auf dem Spielplatz, probieren vom dreiundzwanzigsten Sandkuchen ihres Sohnes, der eifrig für Nachschub sorgt, und denken dabei, wie glücklich sie jetzt wären, wenn sie mit ihren sympathischen Kollegen in einem Meeting sitzen und kreative Ideen versprühen würden. Und andere Frauen sitzen im Büro vor einem Stapel unerledigter Akten gegenüber ihrer launischen Kollegin und denken, wie glücklich sie wären, wenn sie morgens ungestört mit einem guten Buch auf dem Spielplatz im sonnigen Park sitzen würden, während ihr Kind stundenlang friedlich spielt. Das Glück der anderen ist selten so groß, wie wir es uns vorstellen, weil wir uns von deren Glück ein falsches Bild machen. Die Realität sieht meistens anders aus.

Kinder machen glücklich, keine Frage. Aber sie sind nicht die einzige Glücksquelle. Das Glück mit Kindern zapft an der gleichen Quelle an, aus der auch die meisten anderen Glückserlebnisse fließen, nämlich tiefe menschliche Beziehungen.

Wenn das Glück mit Kindern idealisiert wird oder die Erwartungshaltung zu groß ist, kann dies auch negative Auswirkungen haben. Einem Kind, das in die Welt gesetzt wird, um die Mutter glücklich zu machen, wird eine zu große Verantwortung aufgebürdet. Was ist, wenn es nicht den Erwartungen entspricht? Wenn es ein Mädchen geworden ist statt dem gewünschten Jungen? Oder wenn es nicht den IQ erreicht, den die hochgebildeten Eltern erwartet hatten. Da kann man sich manchmal ganz schön verrechnen. Von Albert Einstein und Marilyn Monroe wird erzählt, dass die Schauspielerin bei einer Party zu dem Nobelpreisträger sagte: »Was könnten wir für Kinder haben: Sie mit Ihrer Intelligenz und ich mit meiner Schönheit.« Darauf Albert Einstein: »Und wenn das Kind meine Schönheit und Ihre Intelligenz bekäme?« Ob diese Geschichte wahr ist oder nicht, sie ist auf jeden Fall sehr aussagekräftig.

Der Wunsch, ein gesundes, hübsches und intelligentes Kind zu bekommen, ist verständlich. Aber wir haben kein Recht darauf. Und wir können nicht erwarten, dass es uns glücklich macht. Vielmehr sollten wir das Glück der Kinder im Auge haben. Das fällt uns heute sehr schwer. Kinder mit einem Down-Syndrom sind häufig sehr glückliche Menschen, aber 90 Prozent von ihnen werden abgetrieben. Dabei könnten wir viel von ihnen lernen. Sie fragen nicht nach dem Glück, sondern sie leben es einfach so, wie es kommt.

»Meine Kinder sind die Erfüllung meines Lebenstraums.«

Elisabeth (geb. 1963), Lehrerin in Elternzeit, Mutter von sieben Kindern

Ich kenne Elisabeth schon lange. Sie ist für mich der Inbegriff von Zufriedenheit. Dabei gehört sie nicht zu den Menschen, die einen mit ihrer penetrant guten Laune erschlagen oder die in ihrer Zufriedenheit träge wirken. Elisabeth ist humorvoll, fröhlich und in sich ruhend. Wenn ich sie sehe, trägt die zierliche Frau mit den langen dunklen Haaren meistens ihr jüngstes Kind auf dem Arm und das ist ungefähr alle zwei Jahre ein anderes. Elisabeth hat zusammen mit ihrem Mann Michael sieben Kinder zwischen 21 und fünf Jahren. Es ist ein spannendes Leben voller Herausforderungen, mit Krisen und Konflikten, aber auch bunt und voller Überraschungen. Langweilig wird es ihnen nicht. In ihrer spärlichen Zeit engagieren sich die beiden in der internationalen, ökumenischen Gemeinschaft CVJM (YMCA).

Elisabeth und ihr Mann wohnen in einer Doppelhaushälfte am Stadtrand von München. Vor Kurzem haben sie, nachdem ihre Nachbarn ausgezogen sind, die andere Hälfte gekauft und die Innenwand durchgebrochen. Zusätzliche Möbel brauchen sie kaum, erklärt Elisabeth. Das, was in ihrem Haus bereits vorhanden ist, reicht locker für zwei Häuser. An den Wänden hängen bunte, selbstgemalte Bilder, im Wohnzimmer steht ein großer Esstisch und vor dem gemütlichen Sofa gibt es einen großen freien Platz zum Spielen. Man sieht, dass hier Kinder wichtig sind. Elisabeth arbeitete als Lehrerin bevor sie in den Mutterschutz und in Elternzeit ging. Ihr Mann ist Ingenieur. Beide waren sich einig, als sie heirateten: Wir wollen eine große Familie.

Ein Haus voller Kinder, das war mein Lebenstraum. Dabei sah es am Anfang so aus, als ob mein Traum zerplatzen würde, noch bevor wir überhaupt an die Realisierung dachten. Meine Frauenärztin sagte mir bei einer Routineuntersuchung, dass ich vermutlich nie ein Kind bekommen könnte, weil die Gebärmutter und die Eierstöcke zu klein seien. Das hat sie mir einfach so gesagt und nebenher ein Rezept geschrieben. Mir hat es den Boden unter den Füßen weggezogen. Auch für Michael war die Hiobsbotschaft schwer zu verdauen. Das war schon ein Prüfstein für unsere Beziehung. Wir haben trotzdem geheiratet und uns auf ein Leben ohne Kinder eingestellt. Die Diagnose hat mich jahrelang verfolgt, weil da einfach etwas prognostiziert wurde, was mir alle Hoffnung nahm. Nach der Geburt von Miriam, unserem sechstes Kind, habe ich die Ärztin ausfindig gemacht, ihr ein Familienfoto von uns geschickt und geschrieben: Hier sehen Sie, was meine zu kleine Gebärmutter problemlos hinbekommen hat. Die Ärztin hat mich angerufen und wir hatten ein langes, gutes Gespräch. Als ich ihr beim siebten Kind eine Geburtsanzeige geschickt habe, hat sie sich sehr gefreut.

Ich wurde also entgegen der Diagnose überraschend schnell schwanger, kurz nach dem zweiten Staatsexamen. Und dann kam ein Kind nach dem anderen: Christoph, Anna, Simon, Jonas, Lena, Miriam und Elias. Die Geburten waren für mich ganz tiefe Glückserfahrungen. Und auch die Schwangerschaften. Bei meiner fünften Schwangerschaft war es besonders intensiv. Ich hatte das Gefühl, dass Gott mir mit diesem Kind ein ganz besonderes Geschenk machen wollte. Und dann stellten die Ärzte fest, dass sich der Embryo nicht normal entwickelte. Das Kind hätte einen Herzfehler und einen genetischen Defekt. Es würde wahrscheinlich schwerbehindert auf die Welt kommen. Zwei Monate vor der Geburt fragte uns der Arzt, ob wir es abtreiben lassen wollen. Das kam für uns überhaupt nicht infrage. Unabhängig voneinander sagten wir: Nein, wir nehmen unsere Tochter so, wie Gott sie uns gegeben hat. Für mich war es so, als ob Gott uns vor die Entscheidung stellt: Ihr könnt es euch leicht machen und abtreiben, ganz legal. Oder Ihr könnt den schwereren Weg gehen, zusammen mit mir. Ich hatte mal in einer Predigt einen Satz gehört, der mir in meinem Leben immer sehr geholfen hat: Krisenzeiten sind auch ganz besondere Gnadenzeiten – wenn man sich darauf einlässt.

Und dann kam Lena, unser»Millenniumskind«, auf die Welt. Sie war viel zu klein, hatte einen Herzfehler und eine schwere Form von Diabetes, weil sie keine Bauchspeicheldrüse hatte. Keiner konnte sagen, ob sie überleben würde. Weltweit sind nur drei bis fünf Fälle dokumentiert, die mit diesem Krankheitsbild leben. Als ich Lena sah, habe ich sehr mit Gott gehadert und ihm gesagt: »Das ist jetzt also dein Geschenk, so ein armseliges, krankes Würstchen. Hast du nicht mehr hingekriegt?« Michael hat Lena von Anfang an so genommen, wie sie ist, aber bei mir hat es einige Monate gedauert, bis ich mich zu einem Ja durchgekämpft habe. Und heute ist Lena für mich wirklich ein Geschenk, ein ganz Großes.

Am Anfang war es schwer für mich. Lena nahm monatelang nicht zu und der Blutzucker war kaum zu regulieren. Ich pendelte ständig zwischen der Klinik und Zuhause, um meine anderen Kinder zu versorgen. Als Lena nach einem dreiviertel Jahr aus der Klinik kommen sollte – das war noch vor ihrer großen Herzoperation –, da wurde uns geraten, wir sollten sie doch in ein Pflegeheim geben. Der Rat war gut gemeint. Ich hatte ja auch noch meine anderen vier Kinder, die meine Kraft beanspruchten. Mich hat aber die Bemerkung damals sehr verletzt. Für mich hörte es sich an wie: Ihr könnt sie ja abgeben, wenn sie Euch nicht gut genug ist. Aber ich wollte Lena nicht weggeben.

Dann kam Lena nach Hause. Durch den langen Krankenhausaufenthalt war sie hospitalisiert. Sie ist sehr willensstark und konnte nur schwer Grenzen akzeptieren. In den ersten fünf Jahren verweigerte Lena das Essen und musste durch eine Sonde am Bauch ernährt werden. Der ganze Alltag war eine einzige Herausforderung. Ich musste mit ihr ständig zu irgendeiner Untersuchung und auch die große Herzoperation kostete mich viel Kraft. Außerdem habe ich jeden Tag engmaschig den Blutzucker gemessen, Insulin gespritzt und den strengen Ernährungsplan eingehalten. Auch heute mache ich mir immer wieder Sorgen um Lena. Sie spürt oft nicht, wenn sie in den Unterzucker gerät. Der Blutzucker muss deshalb immer noch oft kontrolliert werden, auch in der Nacht. Ich wache schon von alleine auf, weil meine innere Uhr danach gestellt ist.

Auch in der Schule war es für Lena nicht so einfach. Sie hat beim Lernen viel Unterstützung gebraucht. Aber dafür sind auch die Erfolge besonders intensiv. Als Lena vor der Fahrradprüfung sehr aufgeregt war, weil sie sie unbedingt bestehen wollte und dann die Prüfung auf Anhieb geschafft hat, hat mich das sehr glücklich gemacht.

Die Sorgen um Lena haben mich viel Kraft gekostet und trotzdem ist sie für mich zu einem ganz besonderen Geschenk geworden. Ich habe oft festgestellt: Genauso wie sie ist, ist sie richtig für uns, für mich und für die ganze Familie. Durch Lena habe ich so viel gelernt. Ich habe durch sie begriffen, was Liebe ist, nämlich ein Kind bedingungslos anzunehmen – und das nicht nur, weil es hübsch und gesund ist und funktioniert. Mit Lena habe ich vieles erlebt, was ich mit einem gesunden Kind nicht erlebt hätte. Dazu gehören Begegnungen, die mich sehr berührt haben, zum Beispiel wenn sich Therapeuten, Ärzte oder Erzieherinnen ganz besonders um Lena bemühen, oft sehr liebevoll. Ich habe immer wieder erlebt, wie gut wir versorgt werden. Einfach deshalb, weil wir immer genau *die richtigen Menschen um uns hatten, genau die, die wir gebraucht haben. Dann spüre ich immer wieder: Es ist alles richtig so, wie es gekommen ist.*

Vier Jahre nach Lenas Geburt wurde ich wieder schwanger. Das war die psychische Rettung für Lena und mich. Durch die Geburt von Miriam drehte sich nicht mehr alles nur um Lena. Sie war nicht mehr das Problem, auf das sich alle konzentrierten, sondern Teil einer Geschwisterreihe. Die Leute fragten nicht mehr voller Anteilnahme, wie es der armen, jüngsten Tochter ginge, sondern sie sahen das Baby an: »*Ach, ist die aber süß.*« *Drei Jahre später ist dann Elias zur Welt gekommen. Das Beste, was Lena und mir passieren konnte, ist, dass wir eine große Familie haben. Das hat sehr viel Normalität in unser Leben gebracht. Natürlich fällt es ihr nicht ganz leicht, dass sie nicht mehr im Mittelpunkt steht. Aber es ist gut für sie.*

Manche fragen, wo ich mit meinen Bedürfnissen bleibe, bei so vielen Kindern. Ich habe nicht das Gefühl, dass ich zu kurz komme. Meine Kinder sind trotz aller Anstrengung eine wahre Glücksquelle für mich. Es sind oft ganz banale Erlebnisse. Wir sitzen beim Essen, ich schaue meine Kinder an und könnte weinen vor Dankbarkeit, dass ich so prächtige Kinder ins Leben begleiten darf. Außerdem ist es bei so vielen Kindern einfacher, das Schöne zu sehen. Wenn es gerade mit einem Kind schwierig ist – und das kommt oft vor –, dann sehe ich beim anderen Kind etwas positives und freue mich darüber. Wenn man so viele Kinder hat, gibt es immer genügend Gründe, glücklich zu sein. Man muss nur hinschauen.

Mein Kraftpotenzial ist groß. Ich brauche keine Woche Wellness, um mich zu regenerieren. Mir reicht schon ein Abend, an dem ich mit einer Freundin ausgehe, oder eine Stunde, in der ich ein schönes Buch lese oder mal ganz allein in einem Café sitze. Als Elias noch kleiner war und vormittags geschlafen hat, habe ich ihn öfter in den Kinderwagen gepackt und mich mit einem guten Buch ins nächste Café gesetzt. Ganz ohne schlechtes Gewissen. Dann kam ich nach Hause und der Haushalt war noch nicht gemacht, aber das war mir dann egal. Solche kostbaren Zeiten im Alltag gönne ich mir immer wieder.

Andere kleine Glücksmomente sind zum Beispiel die Bücher, die sich auf meinem Nachttisch stapeln. Die muss ich nur ansehen, dann freue ich schon darauf, sie zu lesen. Und wenn ich Zeit habe, nehme ich ein schönes, duftendes Schaumbad, stelle eine Kerze daneben und lese eines der Bücher. Zweimal im Jahr gehe ich mit zwei Freundinnen zum Tollwood-Festival und kaufe mir ein Paar ausgefallene Ohrringe. Das ist schon zu einem richtigen Ritual geworden. Überhaupt sind meine Freundinnen und meine Schwester wichtig für mich. Mit ihnen unternehme ich etwas oder ich weine mich aus, wenn es mir nicht so gut geht. Ich bin ein sehr harmoniebedürftiger Mensch und wenn es zwischen meinem Mann und mir schwierig ist, belastet mich das schon sehr. Wir sind beide sehr unterschiedlich in unserem Charakter und erleben deshalb auch unsere Höhen und Tiefen. Und dennoch fühlen wir uns miteinander sehr verbunden.

Mein Alltag ist nicht immer ganz leicht, aber mein Glaube hilft mir viel. Ich wüsste gar nicht, wie ich es ohne meinen Glauben schaffen sollte. Wenn ich das Gefühl habe, all den vielen Anforderungen, die auf mich einströmen, nicht gerecht zu werden, dann hilft mir das Beten. Dabei spüre ich, dass ich nicht perfekt funktionieren muss, weil Gott für alles sorgt.

Dass ich so eine große Familie habe, macht mich glücklich. Ich habe eine Aufgabe, die mich erfüllt, für die ich dankbar bin, bei der es sich lohnt, alle Kraft hineinzuhängen. Am Abend weiß ich, was ich getan habe. Ich habe versucht, meine Kinder ein Stück weit ins Leben zu bringen. Für mich hat sich mein Lebenstraum erfüllt. Ich würde mit niemandem auf der Welt tauschen wollen.

Vom Glück, Teil eines größeren Ganzen zu sein: Glaube und Heimat

»Jesus Christus ist mein ganzes Glück.«

Nina Hagen, 57 Jahre, Künstlerin

»Als ich nach acht Monaten wieder nach Hause gefahren bin und auf der Autobahn das Schild Italien gesehen habe, fühlte ich mich richtig glücklich.«

Chiara, 24 Jahre, Studentin

»Sich bei der Familie aufgehoben fühlen, ein Teil davon zu sein – das hab ich in Polen extrem gemerkt –, macht glücklich; auch wenn Oma und Opa nicht mehr sind, der Ort und die Gerüche sind noch dieselben.«

Agnes, 28 Jahre, Lehrerin

Glück und Sinn sind untrennbar miteinander verbunden. Wenn wir Zusammenhänge erkennen, sind wir dem Glück schon ziemlich nahe. Man sieht sie oft in kleinen Alltagsdingen: Wenn man Tomaten pflanzt und erntet, über etwas nachdenkt und es schließlich versteht, man ein vertrautes Gespräch führt und Nähe spürt. Größere Zusammenhänge zu erkennen ist manchmal schwieriger. Vor allem, wenn man Antworten auf die wesentlichen Fragen des Lebens sucht: Wo komme ich her und wo gehe ich hin? Wem darauf nur die Antwort einfällt: »Ich komme aus dem Bauch meiner Mutter und wo ich hingehe, habe ich noch nicht genau entschieden: Sarg oder Urne.«, denkt in zu kleinen Größenordnungen. Heimat und Glaube verweisen auf Dimensionen, die über unsere leibliche Existenz hinausreichen.

Heimat ist dort, wo wir uns zugehörig fühlen. Häufig, aber nicht immer, ist sie dort, wo wir herkommen, wo unsere Wurzeln liegen – und die unserer Vorfahren – und wo unsere kulturelle Prägung stattgefunden hat. Heimat ist ein Teil unserer Identität. Dort leben Menschen, die die gleichen Feste feiern und über die gleichen Dinge lachen.

Glaube ist etwas, das über unser Leben hinausreicht. Für Gläubige geht das Leben nach dem Tod weiter. Für die anderen auch, nur wissen sie es noch nicht. Der Glaube bezieht sich jedoch nicht nur auf das Jenseits, sondern auch auf die Gegenwart. Er deutet auf eine Dimension, die wir mit unserem Verstand nicht erfassen, sondern nur erahnen können, weil wir Spuren in unserem Leben sehen. So wie wir den Wind nicht sehen, aber wissen, dass es ihn gibt, weil sich die Blätter am Baum bewegen.

Glaube und Heimat sind Glücksquellen, die aus der Tiefe in unser Leben hineinsprudeln. Sie geben ein Gefühl von Sinn, weil man spürt, dass man Teil eines größeren Ganzen ist.

Heimat ist ein Begriff, der heute in aller Munde ist. Aus der verstaubten Ecke der Schützen- und Trachtenvereine hat es die *Heimat* auf die Titelblätter der großen

Magazine geschafft: »Warum Heimat gerade heute so wichtig für uns ist« (Psychologie Heute), »Heimat. Warum der Mensch sie heute wieder braucht« (GEO) oder »Was ist Heimat?« (Der Spiegel).

Heimat hat Hochkonjunktur. Die Regionalisierung in der Globalisierung bildet einen Bezugspunkt in der großen, unüberschaubaren Welt. Spätzle lassen sich regional leichter zuordnen als Pasta. Und dennoch ist Regionalität nicht lokal begrenzt, sondern dient als Marketingstrategie, die international eingesetzt wird. Auf den Flügen nach Singapur, Dubai und Tokio servieren die Stewardessen und Stewards der Lufthansa während der Oktoberfestzeit in Dirndl und Lederhosen Weißwürste, Brezen und Obatzta. Dazu gibt es – zumindest in der First Class – Bier in kleinen Krügen.

Heimat besteht jedoch aus mehr als aus marktfähigen Produkten. Sie bedeutet Vertrautheit und Verwurzelung. Die 44jährige Diplomingenieurin Irina erzählt: »Ich verbinde das Glück hauptsächlich mit meiner Heimat und meiner Heimatstadt St. Petersburg. Mein Alltag hier in Deutschland ist eher ein Funktionieren. Wenn ich aber nach Russland reise, dann ist für mich das Leben in Deutschland wie ausgelöscht und ich fühle mich endlich lebendig. In Petersburg erlebe und lebe ich mein geistiges, ja mein seelisches Leben. Es sind die Nostalgie der vergangenen Zeiten, die Liebe zu meiner Heimatstadt, die Natur, meine Familie und Freunde. Die langen Spaziergänge in den russischen Wäldern und am Finnischen Meerbusen, das Pilzesammeln während unserer Besuche auf der Datscha. Hier erlebe ich einen meditationsähnlichen Seelenfrieden, denn hier fühle ich mich von allen Gedanken, allem Kummer und Sorgen losgelöst, es ist ein einziges, pures Glücksgefühl. In St. Petersburg machen mich auch die Treffen mit meinen alten Freunden sehr glücklich. Es ist die vertraute Umgebung, eine vollkommene Ausgeglichenheit des Zusammenkommens und damit verbunden auch ein großes Glück für mich.« Und auch Svetlana, eine 21jährige bulgarische Studentin, erzählt: »Das letzte Mal war ich im Sommer glücklich, als ich in Bulgarien war. Hier in Deutschland bin ich nur ab und zu glücklich, aber nicht wirklich hundert Prozent so wie in meiner Heimat.«

Heimat ist ein inniges Gefühl der Verbundenheit mit Menschen und Orten. Sie ist für uns so selbstverständlich wie Essen und Trinken. Erst wenn wir unter Hunger oder Durst oder Heimweh leiden, spüren wir, wie wichtig diese Dinge für uns sind. Heimat ist nicht so einfach austauschbar. Wenn man in einen anderen Ort zieht, fühlt man sich vielleicht schnell zu Hause, aber es dauert lange, bis er zur Heimat wird. Ein Heimatgefühl wächst langsam und steht im Gegensatz zu unserer schnelllebigen Zeit. Die 45jährige Vera aus Kroatien, die schon seit vielen Jahren in Deutschland lebt, sehnt sich immer noch nach ihrem Herkunftsland zurück: »Ich bin jetzt schon mein halbes Leben hier und hatte eigentlich nur vor, in Deutschland schnell Geld zu machen und wieder nach Zagreb zurückzukehren. Jetzt bin ich schon über 20 Jahre da und will immer noch das Gleiche: zurück nach Kroatien. Glücklich wäre ich, wenn ich so viel Geld hätte, um in Kroatien leben zu können, ohne viel zu arbeiten, weil die Leute dort eh alles sehr locker nehmen. Dort unten wäre ich wirklich glücklich.«

Heimat ist ein Ort der Sehnsucht. Von der Ferne erscheint die Heimat fast wie ein Stück Paradies. Bei einem Besuch in den Ferien wird der paradiesische Glanz der Heimat noch nicht getrübt. Im Gegenteil, er wird eher aufpoliert und erstrahlt ganz neu. Wenn man aber wieder dort lebt und arbeitet, sieht man die Alltagsrealität in allen Schattierungen. Eine Frau aus einer schwäbischen Kleinstadt, die beruflich einige Zeit in Moskau, Sao Paulo oder Mexiko Stadt verbringt und in der Metropole einen Anflug von Heimweh spürt, sehnt sich vielleicht nach der überschaubaren Welt, in der Fleiß, Sauberkeit und Ordnung zu lebenswichtigen, unverzichtbaren Werten zählen und in der die Nachbarn noch Anteil am Leben der anderen nehmen. Kommt sie dann für einen Urlaub nach Hause, dann genießt sie es, wenn die Nachbarn interessiert fragen, wie es ihr denn im Ausland gehe. Diese Perspektive ändert sich, wenn sie wieder in ihre Heimat zurückzieht. Nachdem die erste Euphorie verflogen ist, kann die Schwäbin nicht verstehen, warum die Kehrwoche nicht schon längst ausgerottet ist. Die Anteilnahme der Nachbarin empfindet sie nicht mehr als Glück, wenn diese mitleidsvoll fragt, ob denn der Ehemann krank sei, weil das Auto schon 14 Tage lang nicht gewaschen wurde. Was für uns Heimat ist, können wir oft erst sagen, wenn wir woanders sind, dort, wo nicht unsere Heimat ist. Heimat löst ambivalente Empfindungen in uns aus: auf der einen Seite das Gefühl von Vertrautheit und Sicherheit und auf der anderen Seite das von Begrenzung und

Zwang. Sie ist dort, wo man sich zugehörig fühlt, trotz aller Eigenheiten. Oder vielleicht auch gerade wegen der Eigenheiten.

Heimat und Zugehörigkeit erleben wir auch bei Festen. Zuzanna, eine 24jährige Verkäuferin aus Polen, erzählt: »Richtig, richtig glücklich war ich, als ich letztes Weihnachten mit meiner Mutter, meinem Vater und der ganzen großen Familie diesen Festtag in Polen feiern konnte. Denn es ist ganz anders als in Deutschland. Es ist ein Fest, worauf man sich den ganzen Dezember vorbereitet und vier Tage vor Weihnachten schon kocht, backt und sich wahnsinnig freut, dass alle Familienangehörigen endlich wieder beieinander sind.«

Feste und Brauchsymbole sind eng mit Heimat verknüpft. Ein Gänsebraten an Sankt Martin ersetzt einer Amerikanerin nicht den Truthahn an Thanksgiving. Bräuche lösen oft ein Wohlgefühl aus, weil sie Stabilität und Tradition vermitteln. Modefarben kommen und gehen, aber Weihnachten bleibt. Man übersieht dabei, dass auch Bräuche einer »Mode« unterliegen und sich verändern.

Bräuche vermitteln ein Gefühl der Zugehörigkeit. Doch nicht überall, wo ein Weihnachtsbaum steht, entstehen Glücksgefühle. Im Gegenteil, zwischen Tannenduft und Kerzenschein spielen sich manchmal wahre Familiendramen ab. Und doch wurde Weihnachten in unseren Glücksgeschichten oft erwähnt. Dass wir die Befragung im Wintersemester durchgeführt haben, ist der eine Grund. Der andere ist, dass Weihnachten zu Hause gefeiert wird. Schon die Vorfreude auf das Fest in der Heimat macht glücklich. Und nicht nur, wenn man im Ausland lebt. Heimat wird oft kleinräumig gedacht. Johanna, eine 27jährige Studentin aus Niederbayern, die im oberbayerischen München studiert, erzählt: »Ein letztes Glückserlebnis hatte ich, als ich Weihnachten nach Hause gefahren bin und von der A9 auf die kleinere Autobahn nach Regensburg abgebogen bin. Allein den Namen *Regensburg* auf dem Autobahnschild zu lesen, löste in mir ein riesig großes Glücksgefühl aus. Nach ganzen zwei Monaten alle Menschen wiederzusehen, die einem so am Herzen liegen, und wieder durch meine geliebte Stadt bummeln und die Ente auf dem Karussell am Christkindlmarkt wiedersehen, auf der ich als Kind immer gefahren bin … Außerdem kam dann auch noch der schnulzige Schlager *Driving home for Christmas* im Radio und ich musste ganz laut aufdrehen und sehr falsch mitsingen. Da war ich grenzenlos glücklich.« Heimat ist nicht nur ein Ort. Auch die Menschen, die dort leben, gehören dazu.

Die Globalisierung erweckt den Eindruck, als ob alle unterwegs wären und wir Heimat nur noch als Sehnsuchtsort kennen. Aber tatsächlich gibt es viele, die sehr sesshaft sind. Wo sich ihre Heimat befindet, können sie ganz genau sagen. Sie ist dort, wo sie geboren und aufgewachsen sind, wo sie in der Schule mit ihren Freundinnen das Pausenbrot getauscht haben, wo sie heimlich ihr erstes Bier getrunken haben und wo nun ihr Kegelclub, ihr Musikverein oder ihre Nordic-Walking-Gruppe ist. Solange es sesshafte Menschen gibt, wird es auch Heimat geben.

Ebenso wie Heimat vermitteln auch Religion und Glaube Zugehörigkeitsgefühle. Diese beziehen sich in erster Linie auf Gott, aber auch auf Menschen und Orte. Für die Gläubigen ist ihre Kirche, ihre Synagoge oder ihre Moschee der Ort, an dem sie sich Gott besonders nahe fühlen. Wichtig sind aber auch die Menschen, mit denen sie diesen Glauben teilen. Fremde Menschen aus der gleichen Glaubensgemeinschaft sind einem schnell vertraut. Der Kirchentag oder auch andere christliche Veranstaltungen sind wie eine türkische Hochzeit. Jeder, der dabei ist, gehört dazu. Das, was sie miteinander verbindet, ist ihr Glaube. Die ganz besondere Nähe zu Gott macht den Glauben lebendig und geht über »glauben« im Sinne von »für wahr halten« hinaus.

In Glücksumfragen schneiden religiöse Menschen besser ab. Sie seien glücklicher als Menschen, die nicht gläubig sind, sagen nicht nur amerikanische Glücksforscher. Eine deutsche Studie zeigt, dass die meisten Menschen zwar dem Glauben keine große Bedeutung als Glücksquelle beimessen; wenn sie jedoch nach ihren Glückserlebnissen gefragt werden, ergibt sich ein anderes Bild: »So treten Glückserlebnisse – entgegen weitverbreiteten Annahmen – bei religiös orientierten Menschen signifikant häufiger auf als bei religiös Indifferenten oder überzeugten Atheisten.«[10]

In unseren Geschichten werden Religiosität und Glaube erstaunlich selten erwähnt. Liegt es daran, dass für viele Menschen der Glaube nicht mehr so wichtig ist? Oder ist der Glaube zu einer sehr privaten Angelegenheit geworden, über die man genauso wenig spricht wie über sein Gehalt? Jahrhundertelang war der Glaube ein selbstverständlicher und öffentlicher Bestandteil des Lebens. Heute ist er ein Tabu-Thema.

Öffentlich wird der Glaube vor allem bei großen Veranstaltungen. Benedikta, eine 84jährige Nonne, erzählt: »Mein letzter Augenblick, an dem ich mich sehr, sehr glücklich fühlte, war, als ich den Papst sehen konnte. Ich war nicht nah bei ihm, aber beim Gottesdienst auf dem Messegelände in München war es wunderschön, seine Messe zu hören. Ich fühlte mich Gott sehr nah.«

Für manche ist der Glaube auch eng mit dem Gefühl des Behütetseins verbunden. Carmen, eine 41jährige Familienfrau, erzählt: »Ich bin glücklich, wenn ich das Gefühl habe, dass Gott in mein Leben eingreift und sich etwas zum Guten wendet. Wenn sich in meinem Leben ein Problem zufällig löst oder wenn mir im Nachhinein auffällt, dass ich oder die Menschen, die ich liebe, mit dem Schrecken davongekommen sind. Das gibt mir Zuversicht.«

Gläubige Menschen fühlen sich geführt. Sie empfinden sich nicht als Spielball des Schicksals, sondern glauben an einen Sinn hinter dem, was in ihrem Leben geschieht, auch dann, wenn der Sinn manchmal nicht zu verstehen ist und man mit Gott hadert. Die Amerikanerin Joni Eareckson Tada ist seit ihrem Badeunfall 1967 von den Schultern abwärts gelähmt. Damals war sie 17 Jahre alt. Joni durchlitt schwere Krisen, als sie realisierte, dass sie alles, was bisher in ihrem Leben wichtig war, begraben musste und für immer auf Hilfe angewiesen sein würde. Sie spielte mit dem Gedanken, sich das Leben zu nehmen. Schließlich fand sie neu zu ihrem Glauben und nahm ihre Behinderung an. Um anderen Menschen Mut zu machen, schrieb sie ein Buch über ihre Geschichte. Es wurde zu einem internationalen Bestseller, der auch verfilmt wurde. Sie selbst spielt darin die Hauptrolle. Inzwischen hat Joni geheiratet und eine weltweit agierende Hilfsorganisation für Behinderte gegründet. In täglichen Rundfunksendungen, in Fernsehauftritten, Vorträgen und Büchern redet sie über Themen wie Leiden, Euthanasie und Lebenssinn. Ihre Lebenseinstellung als behinderte Christin wird in ihren Bildern deutlich, die sie mit »PTL« signiert. Die Abkürzung steht für: Praise the Lord.

Dass gläubige Menschen mit Schicksalsschlägen besser zurechtkommen, bestätigen auch viele andere wissenschaftliche Untersuchungen. Medizinische Forschungen zeigen, dass religiöse Menschen sich schneller nach einer Krankheiten erholen und mit einer schweren Krankheit länger leben. Warum das so ist, weiß man nicht, erklärt Sonja Lyubomirsky, doch es gibt verschiedene Vermutungen: Religiöse Menschen pflegen einen gesünderen Lebensstil und haben eine grundsätzlich optimistische Einstellung. Bei ihnen entfaltet die *Selbsterfüllende Prophezeiung* ihre ganze Wirkung, im positiven Sinne. Was Sonja Lyubomirsky nicht erwähnt hat, ist, dass gläubige Kranke sich nicht alleine auf ihre positive Einstellung verlassen, sondern sicherheitshalber alles Mögliche dazu beitragen, damit sich diese Erwartung auch erfüllt: Sie schlucken brav die Tabletten, die ihnen der Arzt verordnet hat, beten aber sicherheitshalber dafür, dass Gott dem Arzt die nötige Weisheit schenkt, damit er aus dem unüberschaubaren Angebot der pharmakologischen Industrie die richtigen Medikamente findet. Viele Ärzte haben ihre Erfolge vermutlich den hoffnungsvollen Gebeten ihrer Patienten zu verdanken. Der Glaube versetzt Berge, steht in der Bibel. Dass dies eine unumstößliche Tatsache ist, beweist die erstaunlich hohe Wirksamkeit von Placebos.

Gläubige Menschen leben das, was in der Psychologie als glücksfördernd gilt. Sie pflegen ihr Familienleben und nehmen sich Zeit füreinander. Auch die Vergebungs- und Versöhnungsbereitschaft hat einen hohen Wert und wird mehr oder weniger erfolgreich praktiziert. Gläubige Menschen haben zudem oft ein gut funktionierendes Sozialleben. Sie sind in einer religiösen Gemeinschaft eingebunden und leiden deshalb weniger unter Einsamkeit. Für ältere Frauen ist die Kirche oder die religiöse Gemeinschaft oftmals ein wichtiger Halt, wenn der Mann gestorben ist und die Kinder aus dem Haus sind.

Andere Verhaltensweisen, die für ein glückliches Leben empfohlen werden, sind Meditation und Dankbarkeit. Gläubige Menschen nehmen sich immer wieder Zeit, um in der Bibel zu lesen, darüber nachzudenken und zu beten. Eine dankbare Haltung ist damit untrennbar verbunden, zumal Dankgebete Teil des religiösen Lebens sind. Eine weitere Glücksempfehlung findet sich ebenfalls gehäuft bei gläubigen Menschen: Altruismus. Nicht nur seine eigenen Bedürfnisse in den Mittelpunkt zu stellen, sondern auch für andere Menschen da zu sein, ihnen zu helfen und sich mit ihnen zu solidarisieren, hat einen positiven Einfluss auf das Wohlbefinden. Christen sind oft karitativ tätig, weil für sie der biblische Auftrag der Nächstenliebe gilt. Das erlebt auch Maria so, eine 58jährige Ordensschwester: »Ich bin glücklich, wenn es meinen Patienten gut geht. Wenn es mir gut geht, kann ich ihnen viel geben, sodass es ihnen auch gut geht. Ich bin glücklich, wenn die Patienten gesund und dankbar aus dem Krankenhaus entlassen werden und nach Hause gehen. Besuch aus der Heimat macht mich auch sehr glücklich. Meine letzten großen Glückserlebnisse waren meine persönliche Begegnung mit dem Papst und die Selig-Sprechung von unserem Ordensgründer Nardini. Mein nächstes großes Glückserlebnis wird meine Fahrt nach Lourdes sein. Da freue ich mich schon sehr darauf.«

Alle diese genannten Werte, die im christlichen Glauben wichtig sind, findet man auch in den Glücksratgebern. Sind die Glücksbücher die neue Bibel? Wenn ja, dann sind sie eine magere Ausgabe, denn die Bibel stellt die Beziehung zu Gott in den Mittelpunkt. Sonja Lyubomirsky erklärt: »Aus dieser Verbindung beziehen gläubige Menschen nicht nur Trost in schweren Zeiten, sondern auch ein Selbstwertgefühl: Sie nehmen sich als bedingungslos angenommen, geliebt und behütet wahr. Wenn Sie diese Beziehung haben, dann fühlen Sie sich auf eine Weise sicher, von der andere nur träumen können.«[11] Von diesem besonderen Glück erzählt auch Natascha, eine 30jährige Russin: »Glück hat für mich nichts mit den alltäglichen Dingen zu tun. Glück ist Frieden mit Gott, mit sich selbst und mit der Umgebung zu haben. Wenn du Gott in deinem Herzen hast, kannst du glücklich werden und das Paradies auf dieser Erde finden. Wenn man mit sich selbst versöhnt ist und mit seinem Gewissen, erst dann findet man sein Glück.«

Das Glück des Glaubens hat eine andere Dimension, weil es über das eigene Leben hinausreicht. Transzendenz, so erklärt der Philosoph Wilhelm Schmid, sei vermutlich der wesentlichste Beitrag für ein erfülltes Leben. Viele suchen nach Transzendenz auf dem großen Markt der spirituellen oder esoterischen Angebote, auch Nina Hagen. Nachdem ihr Drogen nicht weitergeholfen haben, suchte sie Erfüllung im Hinduismus, Buddhismus, Konfuzianismus und schließlich im Ashram. Ihr wahres Glück fand sie aber erst im christlichen Glauben. Als ich Nina Hagen fragte, was für sie Glück sei und wo sie Glück erlebe, antwortete sie mir: »Das Glück ist die Liebe zwischen den Menschen und die Liebe im Herzen … Die Liebe ist nämlich ein Geschenk Gottes! Glück ist, Gott nahe zu sein. Glück ist immer, wenn ich spüre, wie sich der Heilige Geist in uns freut, wenn sich zum Beispiel Christen-Geschwister treffen und ihren Glauben und ihre Erfahrungen teilen. Glück ist, wenn sich Menschen helfen. Glück ist der Fakt, dass Jesus lebt und dass wir auch leben, erst irdisch, dann himmlisch. Jesus Christus ist mein ganzes Glück. Er ist es, der mich lenkt und leitet und auf die Ewigkeit beim Himmlischen Vater vorbereitet! Das Glück ist Gott, Gott ist die Liebe und die Verheißung, dass wir alle seine Kinder sind! Glück ist: Frieden zu stiften und Frieden zu schaffen und Gerechtigkeit unter den Menschen, Glück ist, mit dem Heiligen Geist Gottes gesegnet zu sein.«[12]

Der Glaube, so zeigt die Glücksbeschreibung von Nina Hagen, beschränkt sich nicht nur auf das Hier und Jetzt. Er reicht weit über das eigene Leben hinaus. Für viele Menschen trägt die Gottesbeziehung entscheidend zu ihrem Glück bei. Für Menschen jedoch, die mit dem Bild eines strafenden, zürnenden Gottes aufgewachsen sind, ist Religion mit Angst verbunden. Viele Geistliche und auch Eltern haben den Glauben als erzieherisches Druckmittel verwendet und dabei ihren Schützlingen den Weg zum Glück schwer gemacht oder gar verbaut.

Der Glaube kann jedoch Freiheiten geben, wo Institutionen und Menschen versuchen einzuengen; und er kann auch zur Heimat werden, einer Heimat, die nicht an einen Ort gebunden ist. Das zeigt die Lebensgeschichte der ehemaligen Ordensschwester Majella Lenzen.

»Ohne meinen Glauben hätte ich den Ausstieg aus dem Orden nicht geschafft.«

Majella Lenzen (geb. 1938), ehemalige Nonne und Missionsschwester, Autorin

Majella Lenzen hat fast ihr halbes Leben in Afrika verbracht. 33 Jahre lang arbeitete sie als Krankenschwester in Tansania und Simbabwe. Sie gehörte 40 Jahre lang dem Orden der *Missionsschwestern vom Kostbaren Blut* an, bis ihr 1993 gesagt wurde, man hätte keine Verwendung mehr für sie. Danach blieb ihr kein anderer Weg mehr, als aus dem Orden auszutreten. Es war ein schwerer Schritt. Sie verstand ihr Leben als Nonne in Afrika zeitlebens als Berufung. Seit ihrem Ordensaustritt wohnt sie in der Nähe von Köln. Ein Teil ihres Herzens ist aber in Afrika geblieben. Das ist nicht zu übersehen. Ihr Gesicht leuchtet auf, wenn sie eine Afrikanerin oder einen Afrikaner sieht.

Majella Lenzen hat ein Buch über ihr Leben als Ordensschwester in Afrika und den Austritt aus dem Orden geschrieben: *Das möge Gott verhüten. Warum ich keine Nonne mehr sein kann.* Ihre Lebensgeschichte wurde zu einem Bestseller. Gerade ist ihr zweites Buch erschienen: *Fürchte dich nicht.* Darin beschreibt sie den schwierigen Weg in ihr neues Leben.

Majella Lenzen ist groß, für afrikanische Verhältnisse sogar sehr groß. In Afrika wurde sie deshalb liebevoll »Mama Twiga« oder »Schwester Giraffe« genannt. Dass sie bereits über 70 Jahre alt ist – sie wurde 1938 geboren –, sieht man ihr nicht an. Ihre zurückhaltenden Bewegungen und ihre sanfte, freundliche Ausstrahlung lassen nicht auf den ersten Blick erkennen, dass eine Kämpfernatur in ihr steckt, auf den zweiten schon. Im Gespräch wird schnell deutlich, wie sehr sie sich für ihre Überzeugungen engagiert. Majella Lenzen hat die Missstände der katholischen Kirche am eigenen Leib erfahren und kämpft in ihren Büchern für eine Erneuerung, die den Menschen in den Blick nimmt und sich nicht an starre Strukturen klammert.

Majella Lenzen kann auf ein bewegtes Leben zurückblicken. Ihr Glück ist eng mit ihrer fernen »Heimat« Afrika und ihrem Glauben an Gott verbunden.

Einen unvergesslichen glücklichen Moment erlebte ich bei meiner Ersten Heiligen Kommunion. Ich spürte Gottes Liebe so tief in mir, dass ich ihm ab diesem Moment mein

ganzes Leben zur Verfügung stellte. Es war eine Beru-
fung, an der ich nicht zweifelte, auch dann nicht, als ich
aus dem Orden austrat, genauer gesagt, austreten musste.

Ich hatte schon in meiner Kindheit eine enge Gottesbe-
ziehung. Meine Eltern waren sehr gläubig. Mit 14 Jahren
ging ich in ein Missionsinternat. Meine Eltern und meine
Patentante Majellina, die Missionsschwester war, hatten
mich zu dem Schritt ermutigt. Dass das der richtige Weg
war, spürte ich beim Fest der Einkleidung. Es war ein tie-
fes, bewegendes Erlebnis. Ich war nun Schwester Maria
Lauda und ich gehörte Christus mit allem, was ich bin.

Nach dem Noviziat machte ich eine Ausbildung als
Krankenschwester in Nairobi, um mich auf den Missions-
dienst vorzubereiten. Ich wäre viel lieber Ärztin gewor-
den, aber man sagte mir, ich solle erst mal Kranken-
schwester werden. Es war eine vierjährige, sehr
anspruchsvolle Ausbildung nach englischem Vorbild. Ich
war wissbegierig und glücklich, so viel zu lernen. Danach
durfte ich endlich mit der eigentlichen Missionsarbeit be-
ginnen. Ich wurde in einem Buschkrankenhaus in Tansa-
nia eingesetzt. Die Arbeit, die Menschen, das Leben im
Busch – hundert Kilometer von der nächsten Stadt ent-
fernt – faszinierten mich. Jeden Tag lernte ich dazu. Ich
narkotisierte, versorgte die Wunden und nähte sie auch,
ich röntgte und machte Laboruntersuchungen. Neben der
Sorge um die stationären Patienten fuhr ich in die Dörfer,
wo die Menschen schon auf mich warteten. Die Arbeit
und das Ordensleben erfüllten mich sehr. Ich gab meine
ganze Kraft hinein und merkte gar nicht, dass ich dabei
auf der Strecke blieb. Drei Stunden Gebet und ein 14stün-

diger Arbeitstag, das ging einfach nicht. Wie unrealistisch das war, sehe ich erst heute. Wenn ich an Malaria erkrankte, war ich glücklich, dass ich ausspannen konnte. Aber wie verrückt muss man sein, dass man es darauf ankommen lässt?

Was mich damals immer wieder aufrichtete, war die Gewissheit, in Afrika am richtigen Platz zu sein. Als unser einziger Arzt in ein anderes Krankenhaus wechselte, übernahm ich, so gut ich konnte, seine Aufgaben. Und auf einmal war er wieder da, mein verborgener Wunsch, doch noch Ärztin zu werden. Ich wagte einen neuen Vorstoß. Er wurde wieder abgelehnt. Ich war sehr enttäuscht, aber ich beharrte nicht auf meinem Wunsch. Wie sollte ich auch? Ich lebte mein Gelübde des Gehorsams. Einige Jahre später eröffnete sich eine andere Chance für mich: Ich bekam ein Stipendium in London am Royal College of Nursing für ein Studium des Hospital Managements und für weitere Kurse in Tropenmedizin. Das war eine wunderbare Zeit. Ich lernte viel Neues und gleichzeitig wurde ich in dem bestätigt, was ich an Pionierarbeit im afrikanischen Busch geleistet hatte. Das bedeutete mir viel. Ich erholte mich von den Strapazen. Doch bevor ich nach Afrika zurückkehrte, durchlebte ich eine kurze Phase der Angst davor, dass ich wieder in die alten Strukturen geraten würde. Aber es war schön, wieder »nach Hause« zu kommen und die Freude der Menschen zu spüren. Voller Elan kam ich in Tansania an, vollgepackt mit meinem Wissen und neuen Ideen und Plänen. Vor allem habe ich die Einheimischen stärker eingebunden und sie damit zu verantwortlichem Handeln angeregt.

Das Krankenhaus gedieh. 1965 hatte ich in einem kleinen Buschkrankenhaus mit 60 Betten begonnen. Und nun war es ein Hospital mit 185 Betten. Die Arbeit war schwer, aber ich liebte sie und konnte sie deshalb gut bewältigen. Was mir jedoch zu schaffen machte, waren die Kritik und die Anfeindungen. Das belastete mich mehr als ich dachte, so dass es zum Burn-out kam. Ich musste pausieren. Während meines Krankenurlaubs wurde mir klar, dass mein Wert als Mensch nicht von meiner Leistung abhängig ist, denn Gottes Liebe ist bedingungslos.

Nach meiner Erholung sollte ich plötzlich in eine kleine Ambulanz in die hinterste Ecke von Kenia versetzt werden. Das kam einer Abschiebung gleich, die ich nicht verstehen konnte und ich wehrte mich. Wozu hatte ich denn Hospital Management studiert? Ich wurde zu klärenden Gesprächen zur Generaloberin gerufen und erhielt daraufhin den freigewordenen Posten der Provinzoberin in Simbabwe. Das war eine verantwortungsvolle Aufgabe, denn Simbabwe war erst vor Kurzem unabhängig geworden. Obgleich unerfahren, freute ich mich sehr über diese neue Herausforderung und war wieder voller Tatendrang. In meiner neuen Position setzte ich das um, was ich während meines Burn-outs begriffen hatte und wählte als Motto unseren Leitsatz: »We are called to witness to the redeeming love of Christ.« – »Wir sind berufen, von der Erlöserliebe Christi Zeugnis zu geben.« Folglich genügt es, dass ER sich geopfert hat, so war meine Schlussfolgerung. In unserem Orden jedoch stand der Opfergedanke immer im Vordergrund. Heute gehe ich noch weiter und sage klar: Wir sollten uns eigentlich über unsere Erlösung *nur freuen. Und aus dieser Freude heraus leben. Das ist ein Glück, das bleibt.*

Dieses neue Verständnis von Glaube und Freiheit habe ich versucht, auf unseren Alltag zu übertragen. So habe ich zum Beispiel die Ordensregeln gelockert und den Schwestern erlaubt, sich ihre eigene kleine Gebetsecke im Zimmer einzurichten. Sie konnten dort auch morgens meditieren und mussten dafür nicht mehr gemeinschaftlich in die Kapelle gehen. Außerdem habe ich Seminare zur Persönlichkeitsentwicklung eingeführt. Bei den jüngeren Schwestern kam das gut an, aber einige ältere protestierten. Und meiner Vorgesetzten, der Generaloberin, gefiel diese Eigenmächtigkeit ebenso wenig. Die Folge war, dass alles, was ich tat, genau überwacht wurde. Wenn ich morgens jemanden versetzt hatte, kam schon abends der Rüffel aus Rom. Auch mein Telefon wurde abgehört. Ich habe daraufhin einen eigenen Telefonanschluss durchgesetzt. Wie weit das Mobbing ging, wurde mir erst klar, als ich nach fünf Jahren als Provinzoberin abgewählt wurde. Obgleich genügend meiner Mitschwestern mir hinterher sagten, dass sie mich gewählt hatten, spielte das keine Rolle. Ich musste gehen.

Es war wieder mein Körper, der mich zur richtigen Entscheidung leitete. Er reagierte mit so heftigen Magenschmerzen, dass ich mich als verwundet erlebte. Ich zog mich zum Beten zurück und während ich meditierte, keimte in mir der Entschluss, um Exklaustration (Beurlaubung) zu bitten. Kaum hatte ich das entschieden, wurde ich schlagartig wieder ruhig und die Schmerzen verschwanden.

Ich hatte gehofft, ich könnte diese Beurlaubung nutzen, um psychologische oder geistliche Kurse zu machen, aber alles, was ich vorschlug, wurde abgelehnt. Die meiste Zeit habe ich mit meiner Mutter verbracht, die glücklich war, wenigstens eine Zeitlang nicht mehr alleine zu sein. Ihr Wohnzimmer wurde mir zur »Klosterzelle«; sie teilte alles mit mir. Für eine gewisse Zeit konnte ich als Vertretung für eine Arzthelferin einspringen, um etwas Geld dazuzuverdienen. Als das Jahr um war, wurde ich in unserem Mutterhaus als Mädchen für alles eingesetzt. Und auch so behandelt. Es sollte wohl geprüft werden, ob ich demütig genug sei, wieder voll dazuzugehören.

Ich wollte unbedingt wieder in die Mission und freute mich, als ich schließlich das Angebot erhielt, nach Moshi in Tansania zu gehen, um für die Diözese ein Aids-Programm aufzubauen. Ohne zu zögern habe ich zugesagt, weil ich mich mit den HIV-positiven Menschen so gut identifizieren konnte. Stigma und Ausgrenzung hatte ich ja selbst am eigenen Leib erlebt. Dort am Fuße des Kilimandscharo fühlte ich mich sofort wohl, weil ich spürte, dass Gott mir nah war. Das höchste Bergmassiv Afrikas war für mich ein Symbol dafür. In Psalm 121 steht: »Ich hebe meine Augen auf zu den Bergen. Woher kommt mir Hilfe? Meine Hilfe kommt vom Herrn, der Himmel und Erde gemacht hat. Er wird deinen Fuß nicht gleiten lassen und der dich behütet, schläft nicht.« Ist das nicht schön? Und so wie dieses mächtige, imposante Gebirgsmassiv dastand, so wusste ich, dass Gott immer da ist. Das hatte ich jeden Tag vor Augen.

Ich war so glücklich, wieder in Afrika zu sein und

stürzte mich in meine neue Aufgabe. Mir wurde ein Büro im bischöflichen Ordinariat zugewiesen. Doch war klar, dass mich keiner der Infizierten in diesen »heiligen Hallen« aufsuchen würde. Deshalb suchte ich nach einem geeigneten Ort für ein Beratungszentrum und bekam eine ehemalige Kirche zur Verfügung gestellt. Dort richtete ich mir mein Büro ein.

Die Arbeit mit den HIV-positiven Menschen machte mich glücklich. Ich freute mich über die strahlenden Gesichter, wenn die Menschen erlebten, dass sie in ihren Sorgen ernst genommen wurden. Berührungsängste hatte ich nicht.

Ich arbeitete nicht nur in der Beratungsstelle, sondern ging auch in die Dörfer, um die Menschen zu besuchen. Dort sah ich das ganze Ausmaß der Krankheit: Kinder wuchsen als Waisen auf, weil ihre Eltern an Aids gestorben waren, Babys kamen schon infiziert auf die Welt. Und viele Familien bestanden nur noch aus Greisinnen, die sich um ihre verwaisten Enkelkinder kümmerten. Es war schrecklich. Sie brauchten unsere Hilfe dringend. Vor allem musste viel mehr für die Vorsorge getan werden.

Bei meiner Arbeit in Moshi ließ ich mich von einer afrikanischen Ärztin beraten, die vom Gesundheitsministerium für die HIV/Aids Belange im Land zuständig war. Als ich die Ärztin in Morogoro besuchte, bat ich sie, mich in das Slumviertel mitzunehmen. Da ihr Auto nicht einsatzfähig war, nahm ich »mein« Auto vom Regenbogenzentrum in Moshi, also sozusagen ein »katholisches« Auto. In ihm transportierten wir ein Paket mit Kondomen. Im Rotlichtviertel verteilte die Ärztin die »Kekse« –

so nannten die Prostituierten die Kondome in der diskreten Verpackung. Mich brachte sie zu den schwer erkrankten, ausgemergelten Frauen, die ans Bett gefesselt waren, damit ich ihnen Trost zusprach und durch meine Gegenwart ermutigte. Wir beteten gemeinsam und ich ließ mir von ihrem Leid erzählen. Es bedeutete ihnen viel, dass eine Nonne sie besuchte, denn dieser Ort galt als Sündenpfuhl und wurde von den Geistlichen gemieden. Aber Jesus war mir ein Vorbild. Er hatte auch keine Scheu vor den Ausgegrenzten.

Der Transport und die Verteilung der Kondome – dazu noch in Ordenstracht – führte zu meinem Austritt aus dem Orden. Meine Generaloberin teilte mir mit: »Der Bischof hat keine Verwendung mehr für Sie. Wenn er keine Verwendung hat, dann habe ich auch keine.«

Das war wie ein Schlag für mich. Nach 33 Jahren im Missionsdienst, davon viele Jahre in führenden Positionen, und 40 Jahren Mitgliedschaft im Orden stand ich nun ohne ausreichende Absicherung buchstäblich auf der Straße. Ich hatte weder eine gesetzliche Krankenversicherung noch eine Sozialversicherung. Die Wenigsten können sich vorstellen, wie problematisch so ein Ordensaustritt ist. Wenn man nach 40 Jahren Ordensleben austritt, wird man ein Sozialfall. Ich habe eine ehemalige Mitschwester gekannt, die sonntags vor der Kirche gebettelt hat, weil sie nicht wusste, wie sie durchkommen sollte. Zwei Jahre lang kämpfte ich für eine Nachversicherung, von der ich leben kann.

Im Nachhinein wundere ich mich, dass ich den Austritt aus dem Orden relativ unbeschadet überstanden habe.

Meine Mutter, die damals noch lebte, hat mir sehr geholfen. Sie war eine große Stütze für mich. Es war ja ein völliger Bruch mit meinem bisherigen Leben. Ich war in Afrika zu Hause und kannte hier nur die Menschen aus meinem Orden, aber die wandten sich von mir ab.

Für mich war der Ordensaustritt zunächst keine Befreiung, sondern ein schmerzhaftes Wagnis. Was mich durch diese Zeit gerettet hat, war mein tiefer Glaube an Christus. Wenn ich nach dem Austritt nicht im Wissen um den gleichen Gott gelebt hätte wie während meiner Ordenszugehörigkeit, dann würde ich heute nicht mehr leben. Er war mein Halt in einer Lebensphase, in der ich von allen nicht nur verlassen, sondern auch geächtet wurde.

Schließlich nahm ich mir die Zeit, meine Tagebuchnotizen und die Briefe, die ich an meine Eltern geschrieben habe, auszuwerten und meine Erinnerungen aufzuschreiben. Vier Jahre lang habe ich daran gearbeitet. Es war ein heilsamer Prozess, weil ich mich mit dem Geschehenen nochmals auseinandersetzte.

Obwohl mich die Arbeit als Ordensschwester viel Kraft gekostet hat, möchte ich kein Jahr davon missen. Ich habe viel Erfüllung darin erlebt. Ich habe das Strahlen der Menschen gesehen, denen ich helfen konnte. Die schwierigen Zeiten, durch die ich gegangen bin, haben mich innerlich reifen lassen. Mein Glaube ist freier geworden. Er ist nicht mehr vom Urteil anderer abhängig. Rituale und Symbole geben dem Glauben eine Form, aber sie können den Glauben auch einengen und behindern. Die Kirchensymbolik, vom »Kreuz zum Allerheiligsten«, genügt nicht, wenn man nicht in den anderen Menschen Gott sieht.

Heute erlebe ich Erfüllung anderer Art: Es sind die Begegnungen mit Menschen, die zu den Lesungen kommen. Ich freue mich, wenn ich sie ermutigen kann, mehr zu sich selbst zu stehen. Die positiven Rückmeldungen machen mich dankbar.

Ich habe gelernt, meine Gefühle wahrzunehmen und mehr auf mein eigenes inneres Ich zu hören. Wenn ich fühle, dass etwas richtig ist – nicht weil es die Kirche sagt oder ein anderer Mensch, sondern weil ich es so empfinde –, dann ist das ein tiefes Glück in mir. Ich spüre, dass ich lebe und nicht einfach funktioniere.

Was mein Leben geleitet hat, ist meine Bindung an Gott. Und die lebe ich immer noch. Mein Leben für Gott sieht heute anders aus. Ich möchte mit meinen Büchern und Vorträgen dazu beitragen, dass die katholische Kirche »menschlicher« wird. Mir liegt sie am Herzen, denn dort liegen meine Wurzeln. Sie hat mein Leben geprägt.

Glück hat für mich sehr viel mit Dankbarkeit zu tun. Ich bin sehr dankbar, wie sich mein Leben entwickelt hat. Was mir schon immer geschenkt war, ist, dass ich mich an hunderterlei Kleinigkeiten erfreuen kann. Sehen Sie sich die herrlichen bunten Fenster da drüben an. Sind sie nicht wunderbar?

Wenn das Glück pausiert

»Glücksgefühl an sich genießt man ja nur
deshalb, weil man es nur kurz festhalten
kann.«
Sabrina, 19 Jahre, Schülerin

»Im Moment bin ich in einer sehr
unglücklichen Phase, denn mein Freund hat
sich von mir getrennt.«
Viola, 24 Jahre, Studentin

»Ich leide seit einigen Jahren an
Depressionen; für mich bedeutet Glück,
meine Tabletten jeden Morgen zu nehmen,
die meine Krankheit ein bisschen lindern
können.«
Maria, 45 Jahre, Beamtin

Wenn man über Glück schreiben will, muss man auch
über die Zeiten dazwischen schreiben. Zeiten, in denen
wir traurig, erwartungsvoll oder verunsichert sind, oder
Zeiten, in denen emotionale Flaute herrscht. Es gibt kein
Glück ohne die Pausen dazwischen. Ohne sie würden die
Kontraste fehlen und aus den bunten Farben der Gefühlspalette würde ein rosaroter Einheitsbrei werden. Krisen
und Durststrecken sind nicht das, wonach wir uns sehnen, aber sie gehören nun mal zum Leben dazu. In einer

Welt des Glückszwangs ist es wichtig, diese Selbstverständlichkeit zu betonen. Manchmal ist einfach weit und breit kein Glück in Sicht. Fragt uns jemand in dieser Phase nach einem Glückserlebnis, dann fällt uns absolut keines ein, so sehr wir auch darüber nachgrübeln. Man zweifelt sogar daran, jemals ein Glückserlebnis gehabt zu haben.

Bei unserer Befragung sind wir auch auf Menschen gestoßen, die mit Glück gerade gar nichts anfangen konnten. Carolina, eine 23jährigen Auszubildende, antwortete auf unsere Frage:»Oje, ein Glückserlebnis? Keine Ahnung, mir fällt dazu echt nix ein! Ich glaube, so was hab ich nicht, oder selten. Also spontan weiß ich einfach keins. Glaub' in letzter Zeit bin ich wohl einfach nicht der Typ, der mal ein richtiges Glückserlebnis hat.«

Was ist ein »richtiges« Glückserlebnis? Gibt es ein falsches Glückserlebnis? Glück hängt sehr stark davon ab, was man darunter versteht. Und das geben uns die Medien vor. Wir können uns dem Einfluss kaum entziehen. Auf allen Kanälen werden große Gefühle zelebriert oder ein behagliches Rundum-Wohlgefühl. Die schöne Frau aus der Katzenfutterwerbung, die ihrem verwöhnten Kater ein Gourmet-Häppchen auf feinstem Porzellan serviert, zeigt uns, was »richtiges« Glück ist: Es ist das Wohlgefühl einer schnurrenden Katze. Nur das ganz Besondere macht wirklich glücklich, suggeriert die Werbung. Doch die Katze würde auch schnurren, wenn sie ein einfaches Stück Fleisch bekommen hätte.

Gute Gefühle werden in den Medien immer mit dem Außergewöhnlichen in Verbindung gebracht. Vielleicht hat Carolina nicht viele euphorische Highlights, aber führt dennoch ein ganz zufriedenes Leben. Zumindest bis zu dem Moment, als eine Studentin kam und für ein Forschungsprojekt nach einem Glückserlebnis fragte.

Manchmal fällt uns keine positive Begebenheit ein, weil wir andere Sorgen haben. Theresa, eine 28jährige österreichische Studentin, erzählt: »Ich hatte, glaube ich, wirklich schon lange kein wirklich tiefes Glücksgefühl mehr. Mehrere kleine Glücksmomente sicher, aber da muss ich noch länger grübeln. Im Moment lebe ich eher in einer Phase, wo ich so viel durchstehen muss. Es ist eine Art Durststrecke, wo wenig Zeit bleibt, um die Seele mit emotionalen Erlebnissen zu nähren. Ich muss mich so zusammennehmen, um alles zu schaffen, dass ich eher sehr hart unterwegs bin und selten weich, und zum Glücklichsein gehört das Weich-Sein aber ganz unbedingt dazu. Ich bin eher als hartes, fest geschnürtes Paket unterwegs, weil ich unter sehr unsicheren Bedingungen lebe … ich meine jetzt auch existenziell. Ich muss einfach so Grundsätzliches auf die Reihe kriegen und kann mich nicht treiben und gehen lassen. Leider.«

Solche Äußerungen einfach stehen zu lassen, fällt uns schwer. Am liebsten würden wir Theresa einen Glücksratgeber schenken. Würde ihr das helfen? Oder anders gefragt: Können wir beschließen, glücklich zu sein? Können wir uns vornehmen, Gefühle zu erwidern oder Leichtigkeit zu empfinden? Über unsere Gefühle können wir nicht verfügen, meint Ulrich Prohast. Man kann aber eine glücksfördernde Haltung anstreben.

Was Theresa wahrscheinlich mehr helfen würde als die

vielen Glücksrezepte, wäre eine Freundin, die ihre Gefühle ernst nimmt und nicht einfach wegwischt. Das kann wohltuender sein als der Druck, nun auch noch positive Gefühle haben zu müssen. Glücklich zu sein wurde in der Moderne nicht nur zu einem Recht, auf das wir Anspruch zu haben glauben, sondern es wurde zu einer Pflicht. Menschen, die nicht glücklich sind, haben es schwer in unserer Gesellschaft. Negative Gefühle, vor allem, wenn sie länger anhalten, bugsieren jemanden schnell ins soziale Aus.

Theresa macht in ihrer Situation genau das Richtige. Sie denkt darüber nach, wie sie aus ihrer schwierigen Lage herauskommt und was sie tun kann, um ihre Existenz zu sichern. Krisenzeiten sind Chancen. Das kann gar nicht oft genug betont werden. Sie geben unserem Leben eine Wende. Wenn Theresa ihr Leben wieder auf einen sicheren Boden gestellt hat, wird sie stolz und zufrieden sein. Glück ist die Folge von etwas und nicht das Ziel, erklärt Viktor E. Frankl. Wir brauchen einen Grund, um glücklich zu sein.

Glück im Sinne von Wohlgefühl kann man nicht erzwingen. Das zeigt auch das Glückserlebnis von Julia, einer 26jährigen niederländischen Angestellten eines Wirtschaftsunternehmens: »Eigentlich müsste ich jeden Tag total glücklich sein, weil ich alles habe, was ich mir gewünscht habe: einen Freund, den ich liebe, eine schöne Wohnung, eine gute Arbeit, ich bin gesund, alle, die mir was bedeuten, sind gesund, ich habe gute Freunde und ich kann mir alles kaufen, was ich möchte. Trotzdem wäre es mir jetzt gerade leichter gefallen, wenn du mich nach traurigen Erlebnissen gefragt hättest. Da fällt mir im Moment mehr ein. Aber egal, glücklich war ich das letzte Mal, als ich nach einem langen Arbeitstag zu meinem Freund nach Hause gefahren bin, und ich wusste, dass er auf mich wartet und etwas Leckeres für mich gekocht hat.«

Obwohl vieles gut läuft in unserem Leben, sind wir oftmals trotzdem nicht glücklich. Auch hier zeigt sich wieder, wie sehr Glück in unserer Gesellschaft zu einem Zwang geworden ist. Man muss sich glücklich *fühlen*. Julia spürt diesen Druck auch: Eigentlich müsste ich jeden Tag glücklich sein, sagt sie. Müsste sie wirklich? Oder ist es nicht vielmehr ausreichend, dass sie die positiven Dinge in ihrem Leben sieht und wertschätzt? Julia weiß, dass dies nicht selbstverständlich ist. Und dennoch gibt es einige negative Erlebnisse, die ihr im Moment näher sind. In ihrer Geschichte klingt Dankbarkeit mit, aber auch ein Schuldgefühl, weil sie nicht so fühlt, wie sie glaubt, fühlen zu müssen.

Über den Zwang, nicht nur sein Verhalten, sondern auch seine Gefühle zu kontrollieren, hat die amerikanische Soziologin Arlie Hochschild in ihrem Buch *Das gekaufte Herz* geschrieben. Sie untersuchte darin unter anderem Stewardessen einer großen Fluggesellschaft. Das Unternehmen erwartete von ihnen nicht nur freundliches Verhalten gegenüber den Flugpassagieren, sondern positive Gefühle. Nicht die eigenen Empfindungen zählten, sondern die, die sie haben sollten. In ihrer Ausbildung übten die Stewardessen die Steuerung der Gefühle ein, was Arlie Hochschild als »Gefühlsarbeit« bezeichnet. Die

Folge ist, dass keine Grenze mehr zwischen den eigenen, tatsächlichen Gefühlen und den manipulierten Gefühlen gezogen werden kann. Damit wird ein wichtiger Kompass außer Kraft gesetzt.

Negative Gefühle würden wir am liebsten wegpusten, wie man das bei kleinen Kindern macht, die sich weh tun. Aber es macht uns zufriedener, das Leben in seiner ganzen Vielseitigkeit zu bejahen, anstatt nur die Rosinen aus dem Kuchen herauspicken zu wollen. Davon wird man nicht satt.

Manche Menschen tun sich mit dem Glück schwerer als andere. Vanessa, eine 28jährige Künstlerin aus Österreich, erzählt: »Ich muss ehrlich sagen, dass ich gar nicht mehr weiß, wann ich in letzter Vergangenheit so richtig glücklich war. Das letzte Mal war auf alle Fälle als Kind, und dabei weiß ich nicht mehr warum. Kann mich nur an das Gefühl erinnern, wie ich vor lauter Glück und Zufriedenheit platzen konnte. War ein schönes Gefühl, aber auch schon lang nicht mehr wieder erlebt.«

Künstlerinnen purzeln die Glücksmomente nicht gerade in den Schoß wie die Sterntaler. Glückliche Menschen grübeln oft nicht sehr lange, sondern nehmen die Dinge so, wie sie sind. Andere hingegen denken lange nach, warum etwas so ist, wie es ist. Künstlerische Menschen beobachten, fragen und setzen ihre Gedanken und Gefühle in Worte, Töne oder Bilder um. Mit ihrer Musik, ihren Bildern und ihren Texten machen sie andere glücklich und manchmal auch sich selbst. Sollte man ihnen raten, traurigen Gefühlen nicht nachzugeben, wie es manche Glücksratgeber empfehlen? Die weltberühmte Cellistin Sol Gabetta sagte, dass es ihr nie wieder gelungen sei, Rachmaninow so ausdrucksvoll zu spielen wie nach der Trennung von ihrem Freund.[13]

Sonja Lyubomirsky schreibt, dass 50 Prozent unserer Glücksfähigkeit genetisch verankert sind, zehn Prozent kann man den Umständen zuschieben und für die restlichen 40 Prozent sind wir selbst verantwortlich.[14] Eineiige Zwillinge, die unter verschiedenen Lebensbedingungen aufgewachsen sind, ähneln sich in ihrem Glücksempfinden sehr, während normale Geschwister, die unter den gleichen Bedingungen aufwachsen, sehr unterschiedlich empfinden. Das kann man schon als Nicht-Wissenschaftler auf dem Spielplatz beobachten: Während das eine Mädchen weinend im Sandkasten sitzt, weil ihm von einem anderen Kind einfach der Sandkasteneimer entrissen wurde, lässt sich die Schwester nicht die gute Laune verderben, sondern zieht dem Übeltäter einfach eins mit der Sandkastenschaufel über und spielt glücklich weiter oder stellt fest, dass es den blöden Eimer sowieso nicht mehr braucht. Das zieht sich durch das ganze Leben. Die einen hüpfen mit einer Leichtigkeit über alle Stolpersteine hinweg, die anderen sind eher nachdenklich und untersuchen die Stolpersteine erst mal gründlich, bevor sie weitergehen. Diese Unterschiedlichkeit ist eine Bereicherung und muss nicht durch ein falsches Gerechtigkeitsverständnis – »gleiches Glück für alle« – eingestampft werden. Jemand, der die Stolpersteine im Leben umdreht, entdeckt vielleicht Dinge, die dem Glücklichen entgehen.

Die Vielfältigkeit unserer Gefühlspalette macht uns als

Mensch erst aus. Wir können uns dadurch in andere einfühlen und sind verständnisvoller als Menschen, die immer nur wahnsinnig gut drauf sind. Eine 45jährige Studentin erzählte: »Vor Kurzem war ich bei einer Trauerfeier in meiner Heimat. Wie man vermuten könnte, nicht gerade ein Anlass, den man mit Glückserlebnissen in Verbindung bringt. Trotzdem war es so, dass ich mich sehr gefreut habe, viele Menschen wiederzutreffen, die ich schon lange Zeit nicht mehr gesehen hatte. Beim Zusammensein nach der Trauerfeier war es dann auch schön, sich gemeinsam an viele glückliche Stunden und besondere Erlebnisse mit der Verstorbenen zu erinnern. Ein Fotoalbum wurde herumgereicht und auch dort werden ja meist die glücklichen Momente im Leben eines Menschen, wie Familienfeiern und Urlaube, festgehalten – oder einfach lustige Schnappschüsse. Trotz des Anlasses gab es dabei für mich, wie auch für die anderen, glückliche Momente, vor allem beim gemeinsamen Erinnern.«

Es gibt Phasen der Trauer, in der die Wunde der Seele heilen muss. Das braucht Zeit, so wie auch eine körperliche Verletzung Zeit braucht, um zu heilen. Was in dieser Zeit Balsam für die Seele ist, sind Familie und gute Freunde, die einen bei diesem Prozess begleiten. Viola, eine 24jährige Studentin, erzählt: »Im Moment bin ich in einer sehr unglücklichen Phase, denn mein Freund hat sich von mir getrennt und ich liebe ihn immer noch sehr. Aber es ist sehr schön für mich, dass ich merke, wie viele Freunde ich habe, die jederzeit für mich da sind. Bei denen ich immer anrufen kann, wenn es mir schlecht geht und die was mit mir unternehmen. Auch meinen Eltern bin ich nähergekommen, dadurch, dass ich viel mit ihnen geredet habe. Das Gefühl, jetzt von so vielen Freunden getragen zu werden, ist für mich Glück.«

»Das Glück liegt nicht auf der Straße.«
Jana (geb. 1954), Verkäuferin einer Straßenzeitung

Jana steht mitten in München am Rande des Viktualienmarktes und verkauft die Straßenzeitung BISS (Bürger in sozialen Schwierigkeiten). Sie hat auch noch eine zweite Verkaufsstelle in einem U-Bahn Durchgang. Bis sie jeden Monat ihre Zeitschriften verkauft hat, steht sie lange. Und das bei Wind und Wetter. Von Montag bis Samstag, oft acht Stunden am Tag, manchmal länger, manchmal auch etwas kürzer, wenn gar nichts geht.

Jana ist groß und schlank. Man sieht nicht viel von ihrem hübschen Gesicht, weil sie die Mütze tief in die Stirn gezogen hat. Die Einheimischen hasten mit ihren Einkaufstaschen an ihr vorbei und die Touristen sehen sie nicht, weil sie nach den Sehenswürdigkeiten ihres Reiseführers suchen. Aber einige bleiben stehen und kaufen eine Zeitung. Manche plaudern mit Jana oder erzählen ihr etwas. Und Jana hört zu. Sie hat Zeit. Ihre freundliche und zurückhaltende Art scheint den Menschen gut zu tun.

Schon oft habe ich mir Gedanken darüber gemacht, welche Lebensgeschichte hinter den BISS-Verkäufern und Verkäuferinnen steckt. Für dieses Buch habe ich einen Blick hinter die Kulissen geworfen. Jana habe ich über eine

befreundete Journalistin kennengelernt, die die Schreibwerkstatt bei BISS leitet. Dort bekommen die BISS-Verkäufer und Verkäuferinnen professionelle Unterstützung,
um Artikel zu verfassen, die in BISS veröffentlicht werden.
Jana schreibt die Kolumne, die in jeder Ausgabe erscheint.

Seit mehr als sieben Jahren verkauft Jana die Zeitung.
Sie ist viel zu stolz, um von Sozialhilfe zu leben, und
möchte ihr Geld selbst verdienen. Dafür ist sie auch bereit, eine Arbeit zu machen, die gering geschätzt ist und
oftmals sogar verachtet wird. In ihrem weichen, tschechi-
schen Akzent erzählt sie mir ihre Lebensgeschichte.

*Es ist anstrengend, den ganzen Tag an der Straße zu ste-
hen und Zeitungen zu verkaufen. Mir tun oft die Beine
weh oder der Rücken. Ich habe zwar einen Klappstuhl
dabei, aber ich setze mich eigentlich nie drauf. Man sitzt
den Leuten im Weg. Und wenn ich im Hauseingang sitze,
sieht man mich nicht. Außerdem ist man unterhalb von
den Leuten und dann behandeln sie dich anders, respekt-
los. Da kommt es schon mal vor, dass einer sagt: »Was sitzt
du so faul herum, arbeite lieber.« Einmal hat auch jemand
in meine Richtung gespuckt. Nein, da stehe ich lieber.
Dann fühle ich mich sicherer. Und ich bin mit den Leuten
auf Augenhöhe oder noch darüber, weil ich größer bin als
die meisten.*

*Ich weiß, dass es eine Arbeit ist, die viele gar nicht als
Arbeit anerkennen. Aber eine Marktfrau hat zu mir gesagt: »Ich verkaufe mein Obst, Sie Ihre Zeitungen. Wo ist
da der Unterschied?« Und das sage ich jetzt auch, wenn
jemand mit einem blöden Spruch kommt.*

Glücklicherweise gibt es aber auch viele wirklich sympathische Menschen. Ich habe sehr nette Kunden und Kundinnen. Ein Mann hat immer 25 Zeitungen gekauft und sie in einer Kirche ausgelegt. Und dann habe ich noch eine Kundin, eine Dame von 85 Jahren, die 60 Hefte kauft. Ich weiß gar nicht genau, was sie damit macht. Ich glaube, sie will mir einfach helfen.

An Weihnachten werde ich von meinen Kunden oft beschenkt. Ich bekomme Süßigkeiten, Plätzchen oder Obst, Kerzen oder Kleidung. Oder etwas anderes Schönes, etwas Eingepacktes. Am liebsten würde ich auch jedem etwas schenken, aber das geht ja nicht. Mein Geschenk ist ein großes Dankeschön. Ich freue mich über jedes Geschenk und nehme es gerne an, sehr gerne. Diese Aufmerksamkeiten machen mich glücklich.

Auch die Leute, die in den umliegenden Geschäften und Büros arbeiten, sind alle nett. Richtig tolle Leute. Wenn ich mal aufhöre zu arbeiten, werde ich die Straße nicht vermissen, aber die Menschen. Im Winter, wenn es eisig kalt ist, kommt manchmal einer von einem Büro und sagt: »Sie können zu uns raufkommen. Wir machen Ihnen einen Tee.« Solche Dinge tun mir unglaublich gut. Es gibt mir ein Geborgenheitsgefühl.

Ich würde auch viel lieber drinnen arbeiten, in einem Büro oder als Verkäuferin, aber in meinem Alter ist das schwierig. Als ich vor acht Jahren meine Arbeitsstelle verlor, habe ich nichts gefunden. Ich war froh, dass ich bei BISS den Job bekommen habe. Es ist eine sichere Arbeit. Da muss ich nicht befürchten, dass ich von einem Tag auf den anderen entlassen werde. Dass ich mal Straßenzeitungen verkaufen würde, hätte ich nicht gedacht. Ich habe mir ein anderes Leben vorgestellt, als ich damals von der Tschechoslowakei nach Deutschland geheiratet habe.

Ich wurde in Prag in ein strenges Elternhaus geboren. Mein Bruder und ich mussten nach der Schule immer nach Hause gehen, obwohl wir lieber wie die anderen Kinder in den Kinderhort gegangen wären. Wir haben zu viert in einer kleinen Zwei-Zimmer-Wohnung gelebt, die meine Mutter penibel sauber gehalten hat.

Nach den Hausaufgaben sind wir rausgegangen. Aber die Straßen waren leer, weil alle Kinder im Hort waren. Sie haben dort gegessen, ihre Hausaufgaben gemacht und gespielt. Ich habe sie so beneidet. Ich wollte auch gerne dort bleiben, wie die anderen. Und ich wollte auch bei der Mittagsausgabe in der Schlange stehen und mit den anderen warten und reden. Deshalb habe ich es immer sehr genossen, wenn wir mit der Klasse in ein Schullandheim gefahren sind.

Nach meinem Schulabschluss habe ich als Verwaltungsangestellte und Sekretärin im geologischen Institut in Prag gearbeitet. Meine Arbeit hat mir sehr gut gefallen. Aber ich träumte davon, einen eigenen Haushalt zu haben, eine eigene Wohnung. Das war im Kommunismus schwer zu verwirklichen.

Und dann begegnete ich meinem Mann. Ich habe ihn in einem Lokal kennengelernt, in dem ich meine Mittagspause verbrachte. Da ich etwas Deutsch konnte, haben wir die Adressen ausgetauscht und er hat sich tatsächlich wieder bei mir gemeldet. Wir haben uns Briefe geschrieben und er hat mich einige Male besucht. Dann wollte er, dass ich nach Deutschland komme, weil er von den strengen Grenzkontrollen genug hatte. Wenn ich gewusst hätte, wie er lebt, dann wäre ich bei meinen Eltern geblieben.

Weil ich nicht ausreisen konnte, haben wir in Prag geheiratet. Ein halbes Jahr später konnte ich endlich nach Deutschland fahren. Es war der Traum von allen Mädchen damals. Und für mich ging er in Erfüllung. Aber es kam anders als ich dachte.

In München hat mich mein Mann abgeholt. Ich habe mich gefreut, ihn wiederzusehen. Als wir zu ihm nach Hause gingen, kam schon die erste Ernüchterung: Er wohnte in einem Keller. Und auch sonst war alles anders als ich es mir erträumt hatte. Mein Mann war Alkoholiker und hatte Schulden. Dass er geschieden war und ein Kind hatte, wusste ich. Aber nun wollte er, dass sein Sohn bei uns wohnte. Ich war damit einverstanden. Am Anfang hat mein Mann nicht erlaubt, dass ich arbeite, weil ich ganz für seinen Sohn da sein sollte. Aber dann fand er es gut, dass ich mein Haushaltsgeld selbst verdiene. So habe ich Heimarbeit gemacht.

Als ich schwanger wurde, wollte mein Mann, dass ich abtreibe. Ich hatte schon die Papiere für das Krankenhaus. Die habe ich aber zerrissen. Ich bekam dann meinen ersten Sohn. Drei Jahre später kam der zweite. Mein Mann hat sich für unsere Kinder nicht interessiert. Mein ältester Sohn litt sehr unter unseren Eheproblemen. Ich wollte nicht, dass meine Kinder so aufwachsen und wollte mich von meinem Mann trennen. Aber er hat gedroht, dass er sich rächen wird, wenn ich ihn verlasse. Als es in *unserer Ehe so schlimm wurde, dass es nur noch besser werden konnte, bin ich gegangen, heimlich in der Nacht. Ich hatte alles gut geplant. Über einen Makler habe ich eine Wohnung am anderen Ende der Stadt gefunden. Und als mein Mann Nachtschicht hatte, habe ich ein großes Taxi, einen VW-Bus gerufen, damit wir alle unsere ganzen Sachen mitnehmen konnten. Es war alles sehr aufregend; wir atmeten auf, als wir in der neuen Wohnung waren. Es hat nicht lange gedauert, bis mein Mann herausgefunden hat, wo wir wohnen. Auf einmal stand er da und donnerte gegen das Fenster. Aber wir haben nicht aufgemacht. Dann hat er uns das Jugendamt geschickt. Eine Sozialarbeiterin kam und wollte sehen, unter welchen »katastrophalen Umständen« wir leben. Aber wir lebten ordentlich. Diese Frau, die mir mein Mann geschickt hat, um mir zu schaden, wurde zu meiner Rettung. Sie half mir bei den nächsten Schritten, die ich zu tun hatte. Ich bin noch heute mit ihr befreundet.*

Ich hatte schnell Arbeit gefunden, aber ich konnte die Stelle nicht antreten, weil ich keinen Kindergartenplatz bekam. Die Sozialbetreuerin hat mir geraten, dass ich das halbe Jahr zu Hause bleiben sollte, bis mein Sohn in die Schule kommt. Deshalb musste ich während dieser Zeit zum Sozialamt gehen. Das hat mir gereicht. Nie wieder. Ich musste immer wieder aufs Neue erklären, warum ich nicht berufstätig war. Ich habe ihnen gesagt: »Geben Sie mir einen Kindergartenplatz, dann kann ich arbeiten.«

Als mein Sohn in die Schule kam, konnte er, wie mein älterer Sohn, in ein schönes Tagesheim gehen und ich habe in einer Drogerie an der Kasse gearbeitet. Ich war glück-

lich, dass ich es geschafft hatte, mit meinen Söhnen ein eigenes, unabhängiges Leben aufzubauen. Aber ich konnte nicht bis 19 Uhr arbeiten, weil meine Jungs um 17 Uhr vom Tagesheim kamen. Deshalb musste ich die Stelle wieder aufgeben.

Ich habe dann eine Arbeit in einem Textillager von einem sehr guten Bekleidungsgeschäft gefunden. Dort war ich dann 16 Jahre. Es war eine schöne Zeit. Das gute Leben hatte ein Ende, als die Firma Stellen abbaute. Ich war 49 Jahre alt, als mir gekündigt wurde. Danach habe ich keine Stelle mehr gefunden. Die Kündigung hat mich sehr getroffen. Das habe ich bis heute noch nicht ganz verdaut.

Und so bin ich zu BISS gekommen. Von dem, was ich mit dem Zeitungsverkauf verdiene, kann ich leben. Ich bekomme noch eine kleine Erwerbsunfähigkeitsrente. Obwohl es keine einfache Arbeit ist, erlebe ich darin auch glückliche Momente, zum Beispiel wenn ich in der Schreibwerkstatt bin und meine Kolumne schreibe. Nicht nur das Schreiben ist schön, sondern auch die Gemeinschaft. Es macht mir viel Spaß, zu schreiben, vorausgesetzt, es fällt mir etwas ein.

Manchmal träume ich von einer Arbeit in einem Büro oder an der Kasse. Aber in meinem Alter ist es fast aussichtslos. Und wenn die Leute dazu noch hören, dass ich BISS-Verkäuferin bin, habe ich sowieso keine Chance mehr: Unzuverlässig. Was hat sie für eine Vergangenheit? Dabei sind die Biss-Verkäufer alle anständige Leute. Gut, jeder hat seine Probleme, wie alle anderen Menschen auch. Nur stehen die anderen nicht auf der Straße mit einer Zeitung in der Hand. Ich bereue nicht, dass ich zu

BISS gegangen bin, trotz der Vorurteile, die es gegen diese Arbeit gibt. Ich verdiene mein eigenes Geld und ich begegne so vielen besonderen Menschen. Manche hat mir bestimmt Gott geschickt. Das sind meine Engel.

Auf der Suche
nach dem Alltagsglück

»Ich war in meinem Leben so sehr mit der
Suche nach Glück beschäftigt, dass ich nicht
gemerkt habe, dass manche meiner Träume
in Erfüllung gegangen sind oder gerade in
Erfüllung gehen.«

Aleksandra, 30 Jahre, Studentin

Wir suchen das Glück – und oftmals finden wir es auch.
Aber häufig nicht dort, wo wir es gesucht haben, sondern
ganz woanders. Glück ist widersprüchlich. Die unterschiedlichen Positionen in den Debatten über Glück liegen häufig an den unklaren Begrifflichkeiten, denn jeder
versteht unter Glück etwas anderes. Für dieses Buch habe
ich deshalb den Begriff »Glück« in Glückserlebnisse
(Momente der Euphorie und der Freude) und Lebensglück (Zufriedenheit) unterschieden. Und dabei zeigt
sich, dass Glück viel mehr ist als *subjektives Wohlbefinden*, ein Ausdruck, mit dem die Glücksforschung dieses

Gefühl definiert. *Subjektives Wohlbefinden* trifft auf Glücksmomente zu, in denen man sich so leicht fühlt, dass man fast abhebt oder einfach nur ein warmes Gefühl in sich spürt. Lebensglück ist jedoch mehr. Es entsteht, wenn Zusammenhänge erkannt werden, wenn die bunten Fäden im Leben ein Muster ergeben. Dann macht das Leben einen Sinn. Jeder Mensch schafft sich sein eigenes, unverwechselbares Muster. Dieses Lebensglück besteht nicht nur aus schönen Gefühlen. Ein weinendes Baby nächtelang schaukelnd durch die Wohnung zu tragen, löst keine wohligen Gefühle in uns aus, und die endlos lange E-Mail-Liste im Büro, die abgearbeitet werden muss, auch nicht. Und doch tragen diese Momente zu unserem Lebensglück bei, weil es Bausteine eines erfüllten Lebens sind.

Kann man Glück lernen? Vieles ist möglich, aber nicht alles ist machbar. Die Gehirnforschung argumentiert, dass das Gehirn lebenslang veränderbar ist und Glück deshalb gelernt werden kann. In der Theorie stimmt das. Man kann sich neue, glücksfördernde Verhaltensweisen aneignen. Dabei entstehen im Gehirn neue Pfade. Das sind Verbindungen zwischen den Schaltstellen, den Neuronen. Wenn eine Verhaltensweise immer wieder angewendet wird, wird diese schmale Spur immer breiter und könnte zu einer Autobahn ausgebaut werden. Doch in der Praxis sieht es meistens anders aus. Diese mit Eifer angelegte Spur in unserem Gehirn verkommt mit der Zeit zu einem Trampelpfad, denn wir bewegen uns am liebsten auf den bereits breit angelegten Autobahnen. Wenn wir gewohnt sind, nach der Arbeit die Füße hochzulegen und den Fernseher einzuschalten, ist es schwierig, sich abends noch sein Fahrrad zu schnappen und eine Runde über die Feldwege zu radeln. Eine neue Straße – es muss ja nicht gleich eine Autobahn sein – entsteht nur, wenn die Motivation stark genug ist, denn der Straßenbau kostet die Gehirnzellen viel Energie. Da wir es uns in unserem Leben ganz gut eingerichtet haben, fehlt uns häufig diese Motivation. Es geht ja auch ohne großen Kraftaufwand. Zwei Faktoren sind jedoch stark genug, um neue Wege einzuschlagen: Krisen und lang andauernde Beziehungen. Eine Krise fühlt sich derart unangenehm an, dass man einiges dafür tut, um aus ihr wieder herauszukommen. Dafür sind wir sogar bereit, unser Verhalten zu ändern. Ebenso bei langjährigen Beziehungen: Während bei kurzzeitigen Beziehungen wenig Anlass besteht, sein Verhalten zu ändern, weil das Problem mit der Auflösung der Beziehung sowieso bald entsorgt wird, wird man in einer langjährigen Beziehung geradezu dazu genötigt, neue Verhaltensweisen einzuschlagen, wenn die Beziehung funktionieren soll. Dann ist man auch mal bereit, im Sommer auf seinen heißgeliebten Strandurlaub zu verzichten und stattdessen die Berge hochzukeuchen. Deshalb also: Will man in seinem Gehirn neue Glücksstraßen schaffen, dann sollte man Krisen freudig begrüßen, sie konstruktiv nutzen und seine Beziehungen pflegen.

Was jedoch viel wirkungsvoller ist, als nach Glück zu streben, ist, das Glück im eigenen Leben zu entdecken. Denn oft ist es schon da. Man muss es nur erkennen. Der Schlüssel dazu ist Dankbarkeit. Das Glücksstreben richtet sich auf die Zukunft und verhindert den Blick auf die

Gegenwart. Oder wie es die Schriftstellerin Edith Wharton formulierte: Wenn wir nicht ständig hinter dem Glück herjagen würden, könnten wir das schönste Leben haben. Dankbarkeit hingegen findet in der Gegenwart statt, selbst für Dinge, die sich in der Vergangenheit ereignet haben. Dankbarkeit, so stellte das Forschungsteam Emily Polak und Michael McCullough fest, ist ein wirksames Mittel, um der Falle des Konsumstrebens zu entgehen. Damit tut man viel für sein Glück, denn der Fokus auf materielle Dinge gehört zu den größten Glückskillern. Dankbar dafür zu sein, dass die 20 Jahre alte Schrottkiste, die einmal einem Fahrzeug sehr ähnlich war, überhaupt noch anspringt, verhindert, jeden Tag darüber zu jammern, dass man sich kein neues Auto leisten kann und sowieso alle ein viel schöneres Auto haben.

Dankbarkeit und damit auch Glück entsteht oft erst im Rückblick. Viele der Geschichten, die wir gehört haben, waren im Moment des Erlebens vielleicht gar nicht so bedeutsam. Oder sie wurden nicht bewusst erlebt, sondern erst hinterher als ein besonderer Moment erkannt. Dass man am Wochenende am See gelegen und ein schönes Buch gelesen hat, erscheint im Moment des Erlebens banal. Im Büro am Montagmorgen wird es jedoch zu einem Glückserlebnis.

Was unter Glück verstanden wird, ist in jeder Kultur, bei jedem Menschen und auch in jeder historischen Epoche unterschiedlich. Und dennoch scheint es zwei Dinge zu geben, die universell sind und einen entscheidenden Einfluss auf unser Glückserleben haben: Zugehörigkeit und Tätigsein. Zugehörigkeit gibt uns das Gefühl, einen

Platz im Leben zu haben und Tätigsein ermöglicht uns, dass wir unsere Begabungen und Fähigkeiten in das Leben einbringen können und dadurch Sinn erfahren.

Aber Glück ist noch viel mehr. Es hat viele Gesichter und erscheint in verschiedenen Gestalten vor uns, oft nicht immer so wie wir es gerne hätten. Wenn wir jedoch achtsam sind und einen offenen Blick haben, werden wir das Glück in vielen Dingen unseres Lebens erkennen.

Dank

Dieses Buch konnte nur entstehen, weil viele Frauen erzählt haben, wie sie Glück erleben. Mein größter Dank geht an Vera, Brigitte, Elisabeth, Jana, Gertraud Well, Luise Kinseher und Majella Lenzen. Sie haben sich für ein Interview bereit erklärt, nicht ahnend, dass man mich so schnell nicht wieder los wird, wenn ich einer interessanten Lebensgeschichte auf der Spur bin. Und das, was ich gehört habe, war wirklich spannend. Deshalb meinen herzlichsten Dank für die ausführlichen und offenen Gespräche!

Sehr herzlich danken möchte ich auch den Studentinnen und Studenten des Instituts für Volkskunde/Europäische Ethnologie an der Ludwig-Maximilians-Universität in München, die mit mir zusammen in meinen Seminaren über Glück geforscht, nachgedacht und diskutiert haben. Vor allem danke ich den vielen Menschen, die den Studierenden und mir ihre Begegnungen mit dem Glück erzählt haben. Ihre Namen wurden in diesem Buch geändert. Die Geschichten waren alle so berührend, amüsant und nachdenkenswert, dass es schwierig war, eine Auswahl zu treffen. Letztlich sind alle Geschichten in meine Interpretation eingeflossen. Danken möchte ich auch dem Institutsleiter Prof. Dr. Johannes Moser, der mein Thema Glücksforschung am Institut immer unterstützt hat, sowie allen Mitarbeiterinnen und Mitarbeitern für ihr Interesse und Mitdenken. Auch den fachkundigen Menschen außerhalb der Universität, die das Werden des Buches begleitet haben, darunter auch einige *Bücherfrauen*, gilt mein Dank. Sie haben mit ihrer Ermutigung, Anregung und auch mit ihrer Kritik dazu beigetragen, dass dieses Buch so wurde, wie es nun ist.

Bei einem Buch über Glück spielen auch die Menschen eine entscheidende Rolle, die einem nahestehen. Deshalb danke ich meinen Freundinnen und Freunden und meiner ganzen großen Familie von Herzen. Sie haben mit mir das Glück von allen Seiten erörtert, sich nach dem Stand des Arbeitsprozesses erkundigt, mich ermutigt, wenn es nicht voranging und sich mit mir gefreut, wenn es lief. Die Quintessenz des Glücks, das bestätigt sich immer wieder, sind gute Freunde und Familie.

Ganz herzlich danke ich auch meinem Mann Martin und unseren Töchtern Lea und Naomi. In der Schlussphase des Schreibens habe ich sie als Testleser und Testleserinnen auserwählt, auch wenn sie nicht unbedingt der Zielgruppe entsprechen. Jeden Morgen bekamen Lea und Naomi neben ihren Pausenbroten ein oder zwei Kapitel des Manuskriptes mit auf den Schulweg: Ich hoffe sehr, dass sie den Text wie vereinbart im Bus gelesen haben und nicht unter der Schulbank. Dass mein Mann, der lieber

Zeitungen, Akten und Betriebsanleitungen liest als Bücher, das ganze Manuskript durchgehalten hat, werte ich als hoffnungsvolles Zeichen, dass das Buch auch den einen oder anderen Mann interessieren könnte.

Zum Schluss danke ich Dr. Karin Walter, die dieses Buchprojekt betreut und zur Realisierung gebracht hat. Damit hat sie viel zu meinem Glück beigetragen – und vielleicht auch zu dem meiner Leserinnen und Leser.

Anmerkungen

1 Gabriel, Christina: Meine Lebensgeschichte. Die autobiographische Lebensbeschreibung einer Dienstmagd, Näherin und Hebamme im Herzogtum Westfalen um das Jahr 1800. Dokumentation eines bewegten Frauenlebens mit zeitgeschichtlichen Hintergründen. Arnsberg: Verlag F. W. Becker 1999, S. 29.

2 Gabriel, Christina, S. 51. »Wer auf ihn sich ganz verlässt ...« ist ein Zitat aus einem Kirchenlied.

3 Duncan, Grant: Das Recht auf Traurigkeit. In: Leo Bormans (Hg.): Glück. The world book of Happiness. Köln: Dumont 2010, S. 126f., hier S. 127.

4 Holzer, Kerstin: Gian Domenico Borasio über Sterben. Interview. In: Süddeutsche Zeitung 19./20.11.2011, S. V2/7.

5 Wolff, Philip: Glück durch Geld ist eine Illusion. Interview mit Daniel Kahnemann. In: SZ Wissen Nr. 12 (2006), S. 30–33.

6 Retzer, Arnold: Das Wunder der Ehe. In: Psychologie Heute 4 (2008), S. 21–24, hier S. 23.

7 Retzer, Arnold: Das Wunder der Ehe. In: Psychologie Heute 4 (2008), S. 24.

8 Radisch, Iris: Die Schule der Frauen. Wie wir die Familie neu erfinden. München: DVA 2007, S. 81f.

9 Gilbert, Daniel: Ins Glück stolpern. Über die Unvorhersehbarkeit dessen, was wir uns am meisten wünschen. Aus dem

Englischen von Burkhard Hickisch. München: Goldmann 2006, S. 359.

10 Glücksdefinitionen und -erfahrungen der Bevölkerung. Ergebnisse einer qualitativen und quantitativen Befragung. Eine Untersuchung des Instituts für Demoskopie Allensbach im Auftrag von Identity Foundation. Düsseldorf [2002], S. 59

11 Lyubomirsky, Sonja: Glücklichsein. Warum Sie es in der Hand haben, zufrieden zu leben. Aus dem Englischen von Dr. Jürgen Neubauer. Frankfurt/M., New York: Campus-Verlag 2008, S. 243.

12 E-Mail vom 19.5.2010.

13 Weiss, Marlene und Wilhelm, Hannah: »Ich habe Angst um mein Cello, nicht um mich.« Interview mit Sol Gabetta. In: Süddeutsche Zeitung, 13.7.2012, S. 26.

14 Lyubomirsky, Sonja: Glücklichsein. Warum Sie es in der Hand haben, zufrieden zu leben. Aus dem Englischen von Dr. Jürgen Neubauer. Frankfurt/M., New York: Campus-Verlag 2008, S. 30f.

Literatur

Bellebaum, Alfred (Hg.): Glücksforschung. Eine Bestandsaufnahme. Konstanz: UVK 2002.

Binswanger, Mathias: Die Tretmühlen des Glücks. Wir haben immer mehr und werden nicht glücklicher. Was können wir tun? Freiburg i. Br.: Herder 2006.

Binswanger, Mathias: Glück. Die Suche nach dem Beweis. In: Die Zeit Nr. 43 (2011), S. 29.

Blum, Elisabeth: Glück. In: Enzyklopädie des Märchens, Band 5. Berlin: de Gruyter, Sp. 1299–1305.

Csikszentmihalyi, Mihaly: Flow. Das Geheimnis des Glücks. Aus dem Amerikanischen von Annette Charpentier. 11. Aufl. Stuttgart: Klett-Cotta 2003.

Duncan, Grant: Das Recht auf Traurigkeit. In: Leo Bormans (Hg.): Glück. The world book of Happiness. Köln: Dumont 2010, S. 126f.

Ehlers, Swantje (Hg.): Märchen-Glück. Glücksentwürfe im Märchen. Schriftenreihe Märchen-Stiftung Walter Kahn, Band 4. Baltmannsweiler: Schneider 2005.

Eibach, Richard und Mock, Steven: Idealizing Parenthood to Rationalize Parental Investments. In: Psychological Science 22 (2011), S. 203–208.

Fine, Cordelia: Die Geschlechterlüge. Die Macht der Vorurteile über Frau und Mann. Aus dem Englischen von Susanne Held. Stuttgart: Klett-Cotta 2012.

Förstl, Hans und Braunmiller, Helwi: Glück, was ist das? Freiburg i. Br.: Herder 2009.

Frankl, Viktor E.: ... trotzdem Ja zum Leben sagen. Ein Psychologe erlebt das Konzentrationslager. 9. Aufl. München: Kösel 2005.

Frey, Bruno: Was der materielle Wohlstand über das Glück der Menschen aussagt. In: Handelszeitung 14 (2011), S. 7.

Gabriel, Christina: Meine Lebensgeschichte. Die autobiographische Lebensbeschreibung einer Dienstmagd, Näherin und Hebamme im Herzogtum Westfalen um das Jahr 1800. Dokumentation eines bewegten Frauenlebens mit zeitgeschichtlichen Hintergründen. Arnsberg: Verlag F.W. Becker 1999.

Gilbert, Daniel: Ins Glück stolpern. Über die Unvorhersehbarkeit dessen, was wir uns am meisten wünschen. Aus dem Englischen von Burkhard Hickisch. München: Goldmann 2006.

Glücksdefinitionen und -erfahrungen der Bevölkerung. Ergebnisse einer qualitativen und quantitativen Befragung. Eine Untersuchung des Instituts für Demoskopie Allensbach im Auftrag von Identity Foundation. Düsseldorf [2002].

Goll, Michaela: Glück à la carte. Über die Machbarkeit des Glücks in der Ratgeberliteratur. In: Bellebaum, Alfred und Herbers, Detlef (Hg.): Glücksangebote in der Alltagswelt. Münster: Aschendorff 2006, S. 87–106.

Harris, Russ: Wer dem Glück hinterher rennt, läuft daran vorbei. München: Kösel 2009.

Hettlage, Robert: Freude an Kindern. Glücksambivalenzen in der Alltagswelt. In: Bellebaum, Alfred und Herbers, Detlef (Hg.): Glücksangebote in der Alltagswelt. Münster 2006, S. 106–130.

Hirschhausen, Eckhart von: Glück kommt selten allein.... Reinbek bei Hamburg: Rowohlt 2009.

Hochschild, Arlie: Das gekaufte Herz. Zur Kommerzialisierung der Gefühle. Theorie und Gesellschaft, Bd. 3. Frankfurt/M.: Campus 1990.

Holzer, Kerstin: Gian Domenico Borasio über Sterben. Interview. In: Süddeutsche Zeitung 19./20.11.2011, S. V2/7.

Hoyer, Tim (Hg.): Vom Glück und glücklichen Leben. Sozial-
und geisteswissenschaftliche Zugänge. Göttingen: Vanden-
hoeck & Ruprecht 2007.

Kahneman, Daniel; Krueger, Alan B.; Schkade, David A.;
Schwarz, Norbert und Stone, Arthur A.: A Survey Method
for Chraracterizing Daily Life Experience: The Day Recon-
struction Method. In: Science 306 (2004), S. 1776–1780.

Kahneman, Daniel; Krueger, Alan B.; Schkade, David A.;
Schwarz, Norbert und Stone, Arthur A.: Would You Be
Happier If You Were Richer? A Focusing Illusion. In:
Science 312 (2006), S. 1908–1910.

Klein, Stefan: Die Glücksformel oder Wie die guten Gefühle
entstehen. 13. Aufl. Reinbek bei Hamburg: Rowohlt 2007.

Layard, Richard: Die glückliche Gesellschaft. Kurswechsel für
Politik und Wirtschaft. Frankfurt/M., New York: Campus
2005.

Loewenstein, George und Schkade, David: Wouldn't it be nice?
Predicting Future Feelings. In: Kahneman, Daniel; Diener,
Ed und Schwarz, Norbert (Hg.): Well-Being. The Founda-
tions of Hedonic Psychology. New York: Russell Sage
Foundation 1999, S. 85–105.

Lyubomirsky, Sonja: Glücklichsein. Warum Sie es in der Hand
haben, zufrieden zu leben. Aus dem Englischen von Dr. Jürgen Neubauer. Frankfurt/M., New York: Campus-Verlag
2008.

Marcuse, Ludwig: Philosophie des Glücks. Von Hiob bis
Freud. Zürich: Diogenes 1990.

Mayring, Philipp: Psychologie des Glücks. Stuttgart u.a.: Kohl-
hammer 1991.

Meck, Sabine: Vom guten Leben. Eine Geschichte des Glücks.
Darmstadt: Primus 2003.

Neckel, Sighard: Emotion by design. Das Selbstmanagement
der Gefühle als kulturelles Programm. In: Berliner Journal
für Soziologie 15 (2005) Nr. 3, S. 419–430.

Noelle-Neumann, Elisabeth und Köcher, Renate (Hg.): Glück
und Zufriedenheit. In: Allensbacher Jahrbuch der Demoskopie 1998–2002, Bd. 11. München 2002, S. 31–41.

Nolen-Hoeksema, Susan und Rusting, Cheryl L.: Gender Differences in Well-Being. In: Kahneman, Daniel; Diener, Ed und Schwarz, Norbert (Hg.): Well-being. The foundation of Hedonic Psychologie. New York: Russell Sage Foundation 1999, S. 330–350.

Pinker, Susan: Das Geschlechterparadox. Über begabte Mädchen, schwierige Jungs und den wahren Unterschied zwischen Männern und Frauen. Aus dem Englischen von Maren Klostermann. München: DVA 2008.

Polak, Emily L. und McCullough, Michael E.: Is Grattitude an Alternative to Materialism? In: Journal of Happiness Studies 7 (2006), S. 343–360.

Prohast, Ulrich: Glück und Unverfügbarkeit. In: Meier, Heinrich (Hg.): Über das Glück. Ein Symposium. München: Piper 2008, S. 51–84.

Radisch, Iris: Die Schule der Frauen. Wie wir die Familie neu erfinden. München: DVA 2007.

Retzer, Arnold: Das Wunder der Ehe. In: Psychologie Heute 4 (2008), S. 21–24.

Schenk, Herrad: Glück und Schicksal. München: dtv 2004.

Schmid, Wilhelm: Glück. Alles, was Sie darüber wissen müssen, und warum es nicht das Wichtigste im Leben ist. Frankfurt/M., Leipzig: Insel 2007.

Schwarz, Norbert: Intuitive Annahmen über das glückliche Leben – und warum wir so wenig aus der Erfahrung lernen. In: Meier, Heinrich (Hg.): Über das Glück. Ein Symposium. München: Piper 2008, S. 85–117.

Spitzer, Manfred: Glück im Kopf. In: Hentschel, Beate und Staupe, Gisela (Hg.): Glück – welches Glück. Begleitbuch zur Ausstellung. München: Hanser 2007, S. 45–61.

Thomä, Dieter; Henning, Christoph und Mitscherlich-Schönherr, Olivia (Hg.): Glück. Ein interdisziplinäres Handbuch. Stuttgart, Weimar: J. B. Metzler 2011.

Walker, Christopher: Some Variations in Marital Satisfaction. In: Chester, Robert und Peel, John (Hg.): Equalities and Inequalities in Family Life. London: Academic Press 1977, S. 127–139.

Weiss, Marlene und Wilhelm, Hannah: »Ich habe Angst um mein Cello, nicht um mich.« Interview mit Sol Gabetta. In: Süddeutsche Zeitung, 13.7.2012, S. 26.

Wolff, Philip: Glück durch Geld ist eine Illusion. Interview mit Daniel Kahnemann. In: SZ Wissen Nr. 12 (2006), S. 30–33.